육조단경

사람의 본성이 곧 부처라는 새로운 선언

청소년 철학창고 26

육조단경 사람의 본성이 곧 부처라는 새로운 선언

초판 1쇄 발행 2010년 12월 20일 | 초판 4쇄 발행 2021년 8월 30일

풀어쓴이 정은주
펴낸이 홍석 | 이사 홍성우 | 기획 채희석
인문편집팀장 박월 | 편집 박주혜 | 표지 디자인 황종환 | 본문 디자인 서은경
마케팅 이송희·이가은·한유리 | 관리 최우리·김정선·정원경·홍보람·조영행
펴낸곳 도서출판 풀빛 | 등록 1979년 3월 6일 제2021-000055호
주소 07547 서울시 강서구 양천로 583 우림블루나인 A동 21층 2110호
전화 02-363-5995(영업), 02-364-0844(편집) | 팩스 070-4275-0445
홈페이지 www.pulbit.co.kr | 전자우편 inmun@pulbit.co.kr

ISBN 978-89-7474-560-8 44150
ISBN 978-89-7474-526-4 44080 (세트)

이 도서의 국립중앙도서관 출판예정도서목록(CIP)은 서지정보유통지원시스템 홈페이지(http://seoji.nl.go.kr)와
국가자료공동목록시스템(http://www.nl.go.kr/kolisnet)에서 이용하실 수 있습니다. (CIP제어번호: CIP2010004420)

육조단경

사람의 본성이 곧 부처라는 새로운 선언

정은주 풀어씀

六祖壇經

풀빛

'청소년 철학창고'를 펴내며

　우리 청소년이 읽을 만한 좋은 책은 없을까? 많은 분들이 이런 고민을 하셨을 겁니다. 그러면서 흔히들 고전을 읽어야 한다고 합니다. 하지만 서점에 가서 책을 골라 보신 분들은 느꼈을 겁니다. '청소년의 지적 수준에 맞춰서 읽힐 만한 고전이 이렇게도 없는가.'라고.

　고전 선택의 또 다른 어려움은 고전의 범위가 매우 넓다는 것입니다. 청소년 시기에는 시간과 능력의 한계 때문에 그 많은 고전들을 모두 읽을 수 없습니다. 그렇다면 어떤 책을 읽어야 할까요?

　이런 여러 현실적인 어려움을 고려해 기획한 것이 풀빛 '청소년 철학창고'입니다. '청소년 철학창고'는 고전의 핵심이라 할 수 있는 '철학'에 더 많은 무게를 실었습니다. 그 이유는 무엇일까요?

　사람들은 일반적으로 철학을 현실과 동떨어진 공리공담이나 펼치는 학문이라고 생각합니다. 하지만 철학적 사고의 핵심은 사물과 현상을 다양하게 분석하고 종합해서 그 원칙이나 원리를 찾아내는 것입니다. 그래서 철학은 인간과 세상에 대해 깊이 있게 생각하고, 논리적으로 종합하는 능력을 키워 줍니다. 그런 만큼 세상과 인간에 대해 눈떠 가는 청소년 시기에 정말로 필요한 공부입니다.

하지만 모든 고전이 그렇듯이 철학 고전 또한 읽기가 쉽지 않습니다. 그래서 '청소년 철학창고'는 청소년의 눈높이에 맞추기 위해 선정에서부터 원문 구성에 이르기까지 많은 노력을 기울였습니다.

첫째, 책을 선정하는 과정에서부터 엄격함을 유지했습니다. 동양·서양·한국 철학 전공자들이 많은 회의 과정을 거쳐, 각 시대마다 동서양과 한국을 대표하는 철학 고전들을 엄선했습니다. 특히 우리 선조들의 사상과 동시대 동서양의 사상들을 주체적인 입장에서 비교하고 검토할 수 있도록 했습니다.

둘째, 고전 읽기의 참다운 맛을 살리기 위해 최대한 원문을 중심으로 구성했습니다. 물론 원문 읽기의 어려움을 해결하기 위해 새롭게 번역하고 재정리했습니다. 그리고 청소년이라면 누구나 어렵지 않게 읽으면서 고전이 주는 의미와 내용을 이해할 수 있도록 설명을 덧붙였고, 전체 해설을 통해 저자의 사상과 전체 내용을 다시 한번 정리해 주었습니다.

마지막으로 쉬운 것부터 읽기 시작해 점차 사고의 폭을 넓혀 가도록 난이도에 따라 세 단계로 구분했습니다. 물론 단계와 상관없이 읽고 싶은 순서대로 읽어도 됩니다.

우리 선정위원들은 고전 읽기의 진정한 의미가 '옛것을 되살려 오늘을 새롭게 한다(溫故知新).'는 데 있다고 생각합니다. '청소년 철학창고'를 통해 자라나는 청소년들이 인간과 사물에 대한 깊은 통찰력을 키워, 밝은 미래를 열어 나갈 수 있기를 진정으로 바랍니다.

2005년 2월

선정위원	허우성(경희대 교수, 동양 철학)	윤찬원(인천대 교수, 동양 철학)
	정영근(서울산업대 교수, 한국 철학)	허남진(서울대 교수, 한국 철학)
	이남인(서울대 교수, 서양 철학)	한자경(이화여대 교수, 서양 철학)

불교는 어렵다. 인간으로 태어나기가 어렵고 인간으로 태어나도 불도(佛道)를 만나기는 더욱 어렵다. 불도를 만나도 그 깊은 사상을 제대로 이해하기는 더욱 더 어렵다. 석가모니 부처님이 남기신 《팔만대장경》을 떠올리면 불교의 그 광대함과 심오함에 놀라 어디서부터 불교를 시작해야 할지 막막해진다. 공(空), 반야(般若), 선정(禪定), 중도(中道)…… 사실 어느 하나 손쉽게 다가오는 것이 없다.

그러나 육조 혜능 스님은 우리의 손을 잡고 편안하게 말씀하신다. 불교는 깨달음의 종교이고 그 깨달음은 나를 떠난 저 먼 어딘가에 있지 않다고. 지금 이 자리에서 내 안에 깃든 청정한 마음을 문득 돌이켜 보면 거기가 바로 깨달음의 자리라고. 내가 바로 부처라고.

불교는 냉정하다. 조금의 환상도 착각도 허용하지 않고 세상이 돌아가는 이치를 있는 그대로 보라 한다. 우주의 실상을 보려면 우리가 그토록 애착하는 일상의 두터운 믿음 덩어리를 하나씩 하나씩 해체시켜야 한다. 아무것도 남지 않는 최후의 순간까지. 이 뭐꼬, 이 뭐꼬…… 마지막에 우리는 무상(無常)과 공(空)을 만난다.

우주 만물이 공(空)하다는 의미를 허무주의로 몰아가거나 단멸(斷滅)론으로 치부하는 사람들이 있다. 그러나 삶의 무상함을 느끼고 그 근본에까지 무한히 해체해 들어가면 우리는 결국 광대한 우주의 텅빈 공(空)을 직시하게 된다. 양파의 껍질을 다 벗기고 나면 아무것도 남지 않지만 아무도 양파는 없다고 말하지 않는다. 그렇듯 모든 세속적인 욕망과 분별의 껍질을 다 벗겨 버리고 나면 공(空)에 도달하지만 삶은 결코 아무것도 없는 것이 아니다. 오히려 강박하고 집착할 것이 아무것도 없음을 알게 되는 순간 내 삶의 찬란한 자유가 시작되며 텅 비어 있되 늘 충만한 우주의 실상을 느끼게 된다.

불교는 지혜롭고 자비롭다. 육조 혜능 스님은 어리석은 분별과 망상을 일으키지 않으면 누구나 지금 즉시 견성성불(見性成佛) 할 수 있다고 했다. 견성이란 부처님과 같은 지혜롭고 자비로운 성품을 누구나 스스로 갖추고 있음을 똑바로 보고 깨닫는 것이다. 나(내 것)와 남(네 것)으로 구분할 수 있는 어떤 고정된 실체가 없음을 통찰하면 지혜의 눈이 열리게 된다. 그리고 모든 생명을 끌어안는 따뜻하고 자비로운 마음을 내면 내 안의 불성(佛性)을 보게 된다.

당나라 후기, 귀족 불교가 기세등등하던 시절에 혜능 스님은 글도 모르는 무식한 나무꾼으로 문득 환하게 깨달았다. 그는 기존의 불교가 상상하지 못한 파격적인 수행을 몸소 실천했으며 민주적이고 평등한 가르침을 《육조단경》에 새겨 넣었다. 혜능의 선 사상은 시대를 넘어 오늘날까지 동서양 중생들의 어리석은 무명(無明)을 벗기며 평등하고 자비로운 가르침으로 세계 곳곳으로 전파되고 있다.

깨달음은 본래 문자를 통하지 않는다 하여 '불립 문자(不立文字)'라 하지만 문자의 힘을 빌면 법(法, 진리)에 좀 더 가까이 다가설 수 있음을 이 책을 통해 독자들이 느낄 수 있기를 바란다.

2010년 12월
정은주

| 차 례 |

이 책에 등장하는 불교 용어 해설

자성

자성(自性)이란 생명체라면 누구나 본래 갖추고 있는, 부처와 같은 깨끗하고 변하지 않는 성품을 말한다. 견성(見性)이란 이런 자성을 바로 보고 분명히 깨닫는 것이다.

부처와 같이 맑고 깨끗한 성품은 인간은 물론 벌레와 같은 미물까지도 본래 갖추고 있다고 한다. 하지만 많은 사람들은 갖가지 번뇌와 욕심에 물들어 내 안에 깃든 참된 불성을 보지 못하고 살아간다. 마치 밝은 해는 밤낮없이 우리를 환하게 비추고 있지만 먹구름이 앞을 가려 빛을 못 보거나 지구가 해를 등지면서 어둠에 파묻히는 것과 같다.

누구나 갖춘, 부처와 같은 맑고 깨끗한 성품을 가리켜 자성(自性) 외에도 불성(佛性), 본성(本性), 법성(法性), 진여(眞如), 법계(法界), 반야(般若), 보리(菩提), 주인공과 같은 용어로도 부른다. 이 용어들은 모두 존재가 지닌 때 묻지 않고 언제나 밝고 청정한 근본 자리를 말하는 것이다.

중국의 선종은 이런 자성을 깨닫기 위해 수행하는 것을 기본으로 삼고 있었는데, 혜능의 시대까지 '오래도록 갈고 닦아서 부처를 이룬다'는 점수(漸

修)가 크게 유행했다. 혜능은 이런 흐름에 쐐기를 박고 '단박에 깨닫는다'는 돈오(頓悟)를 강조했다. 혜능이 특히 강조한 것은 자기 안에 있는 때 묻지 않는 청정한 마음자리가 바로 부처임을 깨달아 누구나 그 자리에서 즉시 부처가 될 수 있다는 점이었다.

깨달음이란 고요한 곳에서 오랜 세월 갈고 닦아서 새롭게 불성을 이룩하는 것이 아니라 한 번도 더럽혀지거나 훼손된 적이 없으며 언제 어디서나 내 안에서 밝게 빛나고 있지만 미혹함으로 인해 스스로 알지 못하고 보지 못하는 불성을 바로 보는 것이라는 주장이다.

특히 혜능은 미혹함과 지혜가 서로 다른 둘이 아니며, 성인과 범부가 따로 있지 않고, 번뇌와 깨달음이 별개의 둘이 아니라고 했다. 그렇기 때문에 어리석고 미혹한 자도 내 안에서 언제나 밝게 빛나는 청정한 자성을 직시하면 그 자리에서 단박에 깨쳐서 부처가 될 수 있다는 것이 혜능의 새로운 가르침이었다.

북종선

달마 대사 이래로 내려온 중국 선종은 오조(五祖) 홍인 대사 이후 육조(六祖) 혜능이 선종의 법통을 이어받으면서 북종(北宗)과 남종(南宗)의 두 파로 나뉜다. 북종선(北宗禪)은 중국 당나라 시대에 양자강을 기준으로 낙양, 장안 등 북쪽 지역에서 유행한 선 수행 풍토를 말한다. 북종과 남종의 구분은 지리적인 특징에 따른 것이지만 그 이면에는 중국 선종의 갈등의 역사가 담겨 있다.

오조 홍인 대사의 탁월한 제자였던 신수는 선종의 법통을 계승할 유망주였지만 불현듯 나타난 혜능에게 법통이 전해지면서 북종과 남종의 대립의 싹이 트기 시작했다. 신수는 혜능에게 법통을 뺏긴 후 홍인 문하를 떠나 북쪽 지역에서 독자적으로 북종선을 발전시켰다.

　북종선은 장안과 낙양의 황실 및 귀족들의 지원으로 한때 비약적으로 발전해 안사의 난(755~763년까지 약 9년간 안녹산, 사사명이 주동이 되어 일으킨 난)이 일어나기 전까지 약 반세기 동안 중국에서 융성했다. 하지만 남종선의 영향력이 점차 중국 전역으로 확대되면서 대승 불교의 주류 자리를 남종에게 빼앗긴다. 원래 북종선 사람들은 스스로 북종이라고 자처하지 않았고 남종선의 상대적인 개념으로서 북종선이라 불리게 된 것이다. 혜능의 제자였던 신회가 남종과 북종의 경계를 확실히 긋고 남종을 정통 선으로 만들기 위해 북종선을 집중적으로 비판하기 시작했다. 이때부터 북종선이라는 이름은 남종선 사람들로부터 경계와 폄하의 대상으로 불리게 되었다.

　흔히 북종선은 점수법을, 남종선은 돈오법을 강조한다고 하여 남돈북점(南頓北漸)이라는 표현도 생겼다. 돈과 점의 논쟁은 남종과 북종의 대립 이후 오늘날까지도 의논이 분분한 수행법 논쟁인데 이들의 차이는 깨달음을 단박에[頓] 이룰 것인지, 오랜 세월 닦아서 점차로[漸] 이룰 것인지가 핵심적인 문제다.

　북종선 사람들은 좌선을 통해 선정(禪定)의 힘을 습관적으로 키워야 한다고 보았다. 마음을 한곳으로 모아 고요하게 생각하는 선(禪)은 잡념을 없애서 한곳으로 정신을 집중하는 정(定, 삼매)을 필수로 하기 때문에 오랜 좌선 수행을 통해야 깨달음을 이룰 수 있다는 것이다. 수행이 조금씩 진척됨에 따라 자성이 점점 자기 앞에 드러나게 되므로 끊임없이 계속 갈고 닦아 나갈 것을 강조했다.

　또 눈앞에 보이는 여러 현상들은 삿된 망념(妄念, 이치에 맞지 않는 헛된 생각)으로 생겼기 때문에 망념이 차츰 사라져야 자성이 비로소 펼쳐진다고 하여 신수는 마음을 다스려 망념에서 떠날 것을 강조했다. 이 점은 번뇌(망념)가

곧 보리(깨달음)라는 남종선의 입장과 명확히 구분된다. 그러므로 북종선의
수행관을 정리하면 다음과 같다.

1) 정(定, 선정)과 혜(慧, 지혜)는 서로 별개의 것이며 선정에 들어야 그 다음
   에 지혜가 나온다고 보아 정혜를 순차적으로 생각한다.

2) 가만히 앉아서 몸을 움직이지 않고 함부로 마음을 일으키지 않는 것을
   일행삼매(一行三昧, 우주의 모든 만물이 지닌 현상은 근본적으로 같다고 보는 정신 집
   중의 경지)라고 보기 때문에 좌선이라는 몸의 자세가 매우 중요하다.

3) "늘 부지런히 털고 닦아서"라는 신수가 지은 게송(깨달음의 노래)의 한 구
   절처럼 수행이란 오랜 세월에 걸쳐 점차 닦아가는 것[점수(漸修)]이지 한
   순간에 이룰 수 있는 것이 아니다. 오래 마음을 갈고 닦아야 언젠가 해
   탈에 이른다.

이런 수행관은 혜능의 남종선이 등장하기 이전 중국 대승 불교의 중심 사
상인데 신수는 이런 수행관을 그대로 받아들여 북종선에 반영했다.

남종선

혜능의 남종선은 북종선의 수행관을 철저히 비판하면서 성립했지만 혜능
은 스스로 남종선이라 부른 적이 없고 남종과 북종을 확실히 편 가르지도
않았다.

그는 "남쪽은 혜능, 북쪽은 신수라고 흔히 말하는데……원래 오조 홍인
대사로부터 함께 법을 받았으니 전수한 법은 똑같으며 단지 남쪽 사람, 북
쪽 사람이라는 차이가 있을 뿐이다."라고 《육조단경》에서 밝혔고 남종과 북
종 구분은 단지 활동 지역의 차이일 뿐이라고 했다.

그런데 남종과 북종을 명확히 구분 짓고 남종선의 정통성을 주장하면서
북종선을 집중적으로 공격한 사람은 혜능의 제자 신회였다. 신회는 732년

에는 대운사에서 무차대회(無遮大會, 스님과 일반 신도들을 구별하지 않고 일체 평등한 위치에서 행하는 대법회)를 열어 달마로부터 비롯된 남종의 법이 혜능에게 있기 때문에 혜능이 육조임을 널리 알렸고 남종을 주류로 만들기 위해 북종선을 철저히 비판하면서 남종선 사상을 체계적으로 정리했다.

신회는 "북종선은 마음을 집중시켜 선정에 들게 하고 마음의 움직임을 멈추어 그 청정함을 간(看, 보다)하게 하여 마음을 밝게 비추라고 하는데 이는 어리석은 가르침"이라고 비판했다. 이는 망상으로 덮인 마음을 굴복시키는 방법에 불과하다고 지적하면서 남종선의 수행은 이를 넘어선 것이라고 했다.

남종선의 선 사상은 돈오견성(頓悟見性, 단박에 깨달아 자성을 보는 것)과 반야바라밀(분별과 집착이 끊어진 완전한 지혜를 얻는 것)이 핵심이다. 이를 위한 구체적인 방안으로 무념(無念), 무주(無住), 무상(無相)이 제시되었다. 무념은 삿된 망념을 버리고 매 순간 바르게 생각함이며, 무주는 어디에도 집착해서 머물지 않음이며, 무상이란 모양(형상)을 정해 거기에 얽매이지 않음을 말한다.

혜능 이전에는 대개 선이라고 하면 좌선을 떠올리며 오랜 좌선 수행을 통해 자성을 꿰뚫어 봐야 성불할 수 있다고 생각해 왔다. 좌선(앉아서 수행)은 행선(움직이며 수행)과 더불어 석가모니 부처님 당시부터 오늘날까지 실제로 중요한 수행법으로 추구되어 왔다. 그러나 혜능은 오랜 좌선 수행보다 돈오견성을 강조했고, 일상삼매(一相三昧)와 일행삼매(一行三昧)를 강조했다.

일상삼매는 우주 만물이 하나의 실상(實相, 참모습)이라는 도리를 알고 나를 보나 너를 보나, 산을 보나 물을 보나, 미움을 보나 사랑을 보나 모두가 다 그대로 불성임을 아는 것을 말한다. 일체 존재를 부처의 성품[불성(佛性)]으로 보고 하나의 실상으로 파악한다는 말이다.

일행삼매는 일상 삼매를 분명히 깨닫고 지금 이 자리에서 즉시 마음을 돌이켜 매 순간 끊임없이 수행에 집중하는 것을 말한다. 선정을 먼저 닦아서 언젠가 지혜를 이루겠다는 북종선의 수행법과 달리 혜능은 선정(禪定)과 지혜(智慧)는 하나이므로 순간순간 닦아서 자신의 참본성(자성)을 지금 즉시 바로 볼 것을 강조했다.

반야

반야(般若)는 산스크리트어 프라즈냐(Prajñā)의 음을 딴 말로서 '지혜'라고 번역된다. 반야는 일상적으로 말하는 생활 속의 지혜와는 좀 다른 '부처님의 완전한 지혜'를 의미한다. 물론 누구나 불성을 갖추고 있기 때문에 문득 지혜의 불꽃이 번뜩일 수 있지만 반야는 깨달음에 이른 부처님이 보여준 완전한 지혜와 통찰력을 말한다.

반야는 어떤 번뇌의 때도 묻지 않은 청정함이며 어떤 미혹함도 다 벗어난 지혜로운 경지를 말한다. 옛말에 "파리가 어느 곳이든 붙을 수 있어도 불꽃 위에는 달라붙지 못하듯, 온갖 번뇌가 중생의 마음에 들끓는다 해도 반야 위에는 달라붙지 못한다."고 했다.

혜능의 남종선은 반야종이라 불리기도 했다. 남종선에서는 좌선을 얼마나 오래 하는가보다는 매 순간 반야로 돌아감을 무엇보다 강조하기 때문에 붙여진 이름이다. 반야는 모든 존재가 본래 갖춘 청정한 지혜이기 때문에 수행자는 매 순간 반야로 돌아가 자성을 바로 보도록 노력해야 한다. 우리가 본래 반야의 지혜를 갖추고 있음을 알고 매 순간 반야바라밀을 실천해야지 오랜 좌선 수행을 통해 반야를 닦아 나가거나 반야를 만들어 가는 것이 아니다.

그러므로 혜능의 반야바라밀은 어디에도 머무르지 않는 무주심(無住心)이며 미워하고 좋아하는 애증심과 집착심을 벗어난 자유의 경지를 말한다. "한 생각마다 바르게 행동하고 바르게 닦으면 그것이 참된 자성이며 반야행"이라고 가르치면서 혜능은 반야의 지혜로써 지금 즉시 자성을 바로 보아 성불할 것을 주장했다. 누구나 본래 반야의 지혜를 갖추고 있기 때문에 일상 속에서 늘 반야로 돌아가는 수행을 통해 문자나 교리를 빌리지 않고도 깨달음에 이를 수 있다는 것이다.

돈오법(돈교법)과 점오법(점교법)

흔히 남종선과 북종선을 비교하면서 '남돈북점'이라고 하는데 남종선은 돈교법을, 북종선은 점교법을 가르친다는 뜻이다. 그러나 혜능은 《육조단경》에서 "법(法, 부처의 가르침)은 오로지 하나일 뿐이지만 깨달음에는 느리고 빠름이 있다. 자기의 성품을 보는 견해가 느리면 점오(漸悟)요, 빠르면 돈오(頓悟)다. 법에는 돈오와 점오가 따로 없지만 사람에게는 영리함과 우둔함이 있기 때문에 돈오와 점오로 나뉜다."라고 하여 법에는 돈과 점의 구분이 원래 없지만 법을 배우는 사람에게서 돈과 점의 차이가 나타날 뿐이라고 했다.

고려 시대 보조 국사 지눌은 "점(漸, 늦음)이란 어린아이가 커서 점점 어른이 되듯이 세월이 흐름에 따라 점차로 깨달아 가는 것이며 돈(頓, 빠름)이란 구름에 가렸던 달이 별안간 환하게 드러나듯 갑자기 깨달음으로 눈이 확 밝아지는 것이다."라고 비유했다.

그러므로 돈교법은 혜능이 계속 강조했듯이 진리를 어느 한순간에 단박 깨닫는 법이고, 점교법은 오랜 세월에 걸쳐 점차적으로 깨달아 가는 법이다. 돈교법은 마치 심봉사가 오래 동안 장님으로 살다가 어느 날 갑자기 눈을 확 뜨는 것과 같아서 어두웠던 눈이 조금씩 차츰 차츰 뜨이는 것이 아니다.

석가모니 부처님처럼 자신의 본성을 즉시 바로 보고 단박 깨달아 견성성불 한 사람에게는 돈교법이 통한다. 하지만 대부분의 사람들은 그렇게 근기(根機, 타고난 깨달음의 능력)가 높지 않기 때문에 오래도록 갈고 닦아 조금씩 눈을 뜬다. 그러므로 부처의 가르침 자체는 돈과 점의 차별이 없지만 이를 배우는 사람에게는 돈과 점의 차별이 나타날 수밖에 없다고 한 것이다.

혜능의 선(禪)에서는 어디서 무엇을 하든 지금 즉시 청정한 본성으로 돌아감이 가장 중요하다. 오랜 선 수행을 통해 계속 닦아 가는 것이 목표가 아니라 지금 이 자리에서 즉시 나의 본성을 바로 보는 것이 목표다[돈오견성(頓悟見性)].

오온

오온(五蘊)은 불교에서 존재를 분석할 때 사용되는 매우 중요한 개념이다. 오온은 우리의 존재를 만들고 ㄴ유지하는 다섯 가지 요소들의 모임을 말한다. 한자 '蘊(온)'이란 모임(집합)이라는 뜻으로 오온은 다섯 가지 요소들의 집합을 의미한다.

모든 존재는 색(色), 수(受), 상(想), 행(行), 식(識)이라는 다섯 가지 요소가 어떤 조건에 의해서 일시적으로 결합되어 만들어진 것이다. 《잡아함경》에는 "마치 여러 가지 재목을 한데 모아 놓으면 세상에서 '수레'라 부르는 것과 같이 오온을 한데 모아 놓으면 어떤 존재라고 가상해서 부른다."라고 했다. 수레는 바퀴, 차체, 축 등 여러 요소가 모여야 비로소 수레가 되며 각 요소들이 흩어지면 수레라는 존재는 사라진다. 이같이 오온이라는 요소들이 모여야 비로소 어떤 존재가 성립되며 오온이 각각 흩어지면 그 존재는 소멸된다. 각 요소들은 일시적으로 어떤 조건에 의해 모인 것들이기 때문에 조건이 바뀌면 그 존재는 사라지거나 다른 것으로 변한다.

오온의 각 요소는 다음과 같은 의미를 지닌다.

색(色): 물질이나 육체와 같은 객관적인 대상.

수(受): 괴로움, 즐거움, 슬픔과 같이 느끼고 받아들이는 감각 작용.

상(想): 외부의 대상을 식별하거나 개념을 만들고 지각하는 작용.

행(行): 무엇을 하겠다는 의지와 행동 작용.

식(識): 사물을 분별하고 판단하고 인식하는 주관적인 마음 작용.

색(色)이란 물질적이고 객관적인 대상이고 식(識)은 대상을 판단하는 주관적인 마음인데 객관적인 대상과 주관적인 마음 사이에 수(受), 상(相), 행(行)이라는 작용이 일어난다. 우리가 살아가는 모든 상황에는 항상 오온이 함께 작용한다.

예를 들어 음악을 듣고 있다고 가정해 보자. 음악 소리 자체는 외부의 대상이므로 색, 음악 소리를 통해 행복하다고 느끼는 것은 수, 음악 소리를 들으며 무슨 악기인지 생각해 보는 것은 상, 음악 소리에 온통 집중하는 태도는 행, 그것이 음악 소리임을 아는 것은 식이다. 이 다섯 가지가 함께 작용함으로써 우리는 음악을 듣고 감상하는 존재가 될 수 있다. 이처럼 모든 존재는 오온이 함께 작용해야 존재가 형성되고 유지된다. 그러므로 '나', '너'라고 부를 수 있는 어떤 고정불변의 실체가 특별히 있는 것이 아니다. 오직 이 오온의 모임과 흩어짐에 의해서 존재가 형성되고 유지되고 소멸될 뿐이다. 그러므로 상황이 바뀌면 오온의 작용도 달라지고 존재의 모습도 바뀌게 된다. 존재란 어떤 조건에 의해 오온이 그에 맞춰 뭉쳐진 것일 뿐이며 상황이 바뀌면 오온도 다른 모습으로 뭉칠 수밖에 없고 그 모습도 달라질 것이다.

모든 존재는 오온의 일시적인 조합이며 고정된 실체가 없음을 깨닫게 되면 존재의 무상(無常)함을 똑바로 직시하게 된다. 이런 존재의 무상함을 모르고 '나' 혹은 '내 것'이라는 눈 먼 생각에 집착한다면 모양[相]에 사로잡힌 중생의 굴레를 벗어나지 못할 것이다.

사승법

승(乘)이란 '수레(탈 것)'를 말한다. 수레를 타고 깨달음(의 그곳)에 도달한다는 의미에서 수레는 깨달음으로 인도하는 위대한 가르침을 뜻한다.

《법화경》비유품에는 양이 끄는 수레[양거(羊車)], 사슴이 끄는 수레[녹거(鹿車)], 소가 끄는 수레[우거(牛車), 거(車)는 승(乘)과 같은 의미로 탈 것을 뜻함]가 등장하는데 각각 성문승, 연각승, 보살승을 비유한 것이다. 이 세 가지 수레[삼승(三乘)]에 최상승(最上乘)을 더하면 사승(四乘)이 된다. 최상승은 흰 소가 끄는 수레[백우거(白牛車)]로 비유되는데, 흰 소는 살결이 희고 몸매가 뛰어나며 걸음걸이가 반듯해 바람같이 빨리 수레를 끈다고 해서 최상승에 비유했다.

성문승(聲聞乘)은 부처님의 음성을 직접 듣고 깨닫는 수레, 즉 방도를 말하며 이렇게 깨닫는 사람을 성문승(聲聞僧)이라 부른다. 성문승은 석가모니 부처님의 음성을 들은 당시의 제자들만 지칭하는 것은 아니며 스승이 가르치는 소리를 듣고 배워서 수행하는 사람을 말한다. 성문승은 자기의 깨달음에 주력하기 때문에 소승(小乘)이라고 분류된다. 소승은 자기 개인의 성불(成佛, 깨달음의 경지를 실현하는 것)을 강조하기 때문에 작은 수레에 비유한 것이다.

연각승(緣覺乘)이란 혼자서 깨달음을 성취하는 수레, 즉 그 방도로 독각승(獨覺乘)이라고도 한다. 이렇게 깨달음을 얻는 사람을 연각승(緣覺僧)이라고 하는데, 아직 다른 사람들을 교화하기 이전의 석가모니 부처님을 지칭하기도 한다. 연각승은 12연기법[緣紀法, 불교에서는 모든 사물과 현상은 일정한 원인(因)과 조건(緣)이 서로 관련되어 만든다고 보는데, 이런 법칙을 말함]을 관찰하여 미혹함을 끊고 자력으로 깨달음을 이룬 수행자다. 그러나 중생들에게 널리 깨달은 법을 전하지 않고 개인의 범위에 머문다는 점에서 역시 소승으로 분류된다.

보살승(菩薩乘)이란 개인의 깨달음을 넘어 고해(苦海, 괴로움이 끝이 없는 인간 세상)에서 허덕이는 중생들을 구제하려는 염원을 지닌 수레, 즉 그 방도를 말한다. 이런 수행자를 보살승(菩薩僧)이라 하며 보살도를 실천한다는 점에서 대승으로 분류된다. 보살도란 위로는 깨달음을 구하는 동시에 아래로는 중생을 교화하는[상구보리 하화중생(上求菩提 下化衆生)] 수행으로 자신은 물론 타인까지 이롭게 한다[자리이타(自利利他)]는 점에서 큰 수레[대승(大乘)]에 비유된다.

그런데 《법화경》 방편품에는 "부처님은 단지 일승으로 중생들을 가르친다. 시방세계(十方世界, 모든 세계) 부처님 나라에서는 오직 일승만 있을 뿐 이승이나 삼승은 없다."라고 했다. 일승만 있다는 말은 사승의 구분이 실제로는 큰 의미가 없으며 사승이 한결같이 부처가 되도록 가르친다는 점에서 불교의 참가르침은 오직 일승으로 귀결된다는 말이다. 그런데도 부처님이 굳이 삼승(三乘)으로 나눈 이유는 미혹한 중생들의 이해를 돕기 위한 방편(수단)이라고 한다.

혜능은 사승법(四乘法)에 대해 이렇게 말했다.

"오직 자기 마음으로 보아야지 밖으로 보이는 법의 모양에 집착하지 말라. 사승법이라는 가르침은 본래 없으며 오직 사람의 마음속에 다음과 같은 네 가지 구분이 있을 뿐이다.

보고 듣고 읽고 외움은 소승(小乘)이요, 법을 깨달아 그 뜻을 이해함은 중승(中乘)이요, 법에 의지해 세상에서 널리 실천 수행하면 대승(大乘)이요, 일체의 가르침에 모두 통달하고 일체의 수행을 실천하며 일체의 것에 얽매임이 없으면 최상승(最上乘)이다. 승(乘)이란 오직 실천하는 데 뜻이 있으므로 모름지기 스스로 실천 수행할 것이며 언제 어디서나 청정한 자성은 있는 그대로 진실이며 이것이 사승법의 참뜻이다."

불교에서 '법'은 보통 두 가지 의미로 쓰인다. 하나는 끊임없이 태어났다 사라졌다 하며 늘 변화하는 현상세계의 모든 존재들이다. 다른 하나는 그런 존재들이 살아가는 근본원리로서 진리, 불도(佛道), 불법(佛法)이라 표현되는 것이다. 위에 나오는 사승법에 대한 혜능의 설명에서 '밖으로 보이는 법'이란 첫 번째 뜻의 법이다.

공과 연기

만물은 공(空)하다고 할 때 그 의미는 인간을 포함한 일체 만물에는 고정 불변하는 실체가 없다는 뜻이다. 모든 사물들은 근원적으로 '나' 혹은 '너'라고 부를 어떤 실체가 없으며 모든 존재는 오직 상호 의존하는 관계 속에서만 성립된다. 예를 들어 어떤 그릇이 크다고 하면 작은 것과 대비를 통해 크다는 생각이 일어난 것일 뿐 원래 큰 그릇이 있는 것은 아니다. 이렇게 고정된 실체가 어딘가에 따로 있지 않고 상호 연관 속에서만 존재할 뿐이기 때문에 존재의 근본 자리는 텅 비어 있다는 점에서 만물은 공(空)한 것이다.

만물이 공하기 때문에 부처님은 연기법(緣起法)을 가르치셨다. 석가모니 부처님은 이 연기의 진리를 깨달아 부처가 되었다고 한다. 연기(緣起)는 만물은 서로 의존하여 생긴다는 원리로 모든 것은 서로에게 원인(因)이 되고, 서로에게 인연(因緣)이 되어 발생한다. 이것이 있기 때문에 저것이 있고, 이것이 일어나기 때문에 저것이 일어난다. 반대로 이것이 없기 때문에 저것이 없고, 이것이 소멸되기 때문에 저것도 소멸된다. 그러므로 모든 존재는 인연에 따라 변화하는 무상(無常)한 것이며, 자신의 고정 불변한 실체가 없기 때문에 공(空)하다. 오직 변하지 않는 것은 모든 것은 변한다는 사실뿐이다. 이렇게 세상 모든 것은 '나'라고 부를 수 있는 실체가 없는 무아(無我)이기 때문에 이 상태를 공(空)이라고 표현한다.

그런데 어떤 사람들은 아무것도 없는 것을 공(空)이라고 말한다. 이는 허무주의나 염세주의처럼 모든 것이 허무하다고 보는 것인데, 불교에서 말하는 공과는 전혀 다른 의미다. 모든 사물은 본질적인 실체가 없지만 연기법에 따라 현실적으로 그리고 한시적으로 존재하기 때문에 불교의 '공' 사상은 사물의 존재 자체를 부정하는 것이 아니다.

모든 사물의 본질인 공(空)한 성질이 바닷물이라면 거기서 발생하는 갖가지 사물이나 사건들은 파도로 비유하기도 한다. 바다에 아무리 거센 파도가 몰아친다 해도 결국 바닷물에 다름 아니듯 현실에서 온갖 일들이 일어나도 본질적으로 모든 현상은 공한 것이다.

부처님은 공을 바람과 같다고 했다. 바람은 모양을 볼 수도 없고 붙잡을 수도 없지만 그렇다고 아무것도 없는 것이 아니다. 우리는 바람을 느끼고 실감하기 때문에 '있으면서도 없는' 바람의 존재를 알고 있다. 공도 마찬가지다. 공이란 그 모양을 볼 수도 없고 설명하기도 어렵지만 결코 아무것도 없는 것이 아니다.

생명과 세상의 모든 것들은 계속 분석해 들어가면 궁극적으로 공하기 때문에 공한 성질[공성(空性)]은 모든 법(法, 사물이나 현상의 변하지 않는 본질적인 근거 또는 속성)의 공통점이다. 그래서 공성을 '법성(法性)'이라고 부르기도 하고 모든 법의 참모습이라 하여 제법실상(諸法實相)이라고도 한다.

중도

중도(中道)란 대립하는 두 극단[양변(兩邊)]을 넘어서서 바르게 가는 길이며, 양극단의 가운데를 취해서 서로 절충한 중간 길을 말하는 것이 아니다. 변증법의 정반합(正反合)의 원리처럼 중도는 서로 치우친 두 극단을 벗어나 두 극단을 아우른 보다 발전된 길을 말한다.

'나'라는 존재는 지금 이 순간 어떤 육체와 정신을 지니고 '있다'. 그러면서도 '나'라고 부를 어떤 고정된 실체는 실제로 '없다'. '나'의 세포는 시시각각 노화되고 있으며 '나'라는 생각도 순간순간 달라지고 있다. '나'는 오직 어떤 조건에 따라 일시적으로 구성 요소들이 뭉친 것에 불과하며 목숨이 다하면 우주의 기본 원소인 흙, 물, 불, 바람으로 돌아갈 뿐이며 '나'는 없어진다. 그러므로 '내'가 '있지만 없다' 혹은 '없지만 있다'는 사실을 직시하면 중도의 원리를 깨닫게 된다.

중도는 소승이나 대승에서 모두 강조하는 불교의 핵심 사상이다. 수행에서 쾌락을 경계하는 만큼이나 고행을 경계하는 것도 중도의 원리에 따른 것이다. 또 무언가가 항상 '있다'고 보는 극단과 아무것도 '없다'[단멸(斷滅)]고 보는 또 다른 극단 사이에서 '있으면서도 없는' 실상을 알게 되면 마침내 중도를 깨닫게 된다.

석가모니 부처님이 깨달음에 이른 후 함께 수행하던 다섯 비구들에게 최초로 설법을 했는데 그때 가장 중요한 가르침이 바로 중도의 이치였다. 중도의 원리는 연기법과 더불어 석가모니 부처님의 핵심 사상을 이룬다.

옛 조사 스님 말씀에 "마음이 이미 맑고 깨끗해지면 양극단을 다 막고, 바르게 중도에 들어가면 양극단을 다 비춘다."라고 했다. 마음을 청정하게 하면 두 극단의 견해를 취하지 않으면서도 동시에 두 극단이 잘 드러나게 한다는 말씀이다. 이렇게 양변을 막아도 서로 잘 비추는 중도의 깨달음은 반반씩 절충하는 것이 아니라 양극단을 버리면서도 동시에 양극단을 인정하는 것이다.

현실 세계는 좋다와 나쁘다, 밝다와 어둡다, 검다와 희다, 좌파와 우파 같은 양극단으로 이루어져 있기에 서로 대립하며 싸운다. 참다운 평화와 자유를 이루려면 극단적인 대립의 세계를 벗어나야 한다. 양극단의 어느 쪽도 취하지 않고 거기서 벗어나면 두 세계를 다 비추게 되고 결국 두 세계는 통하게 된다. 선과 악이 통하고, 옳고 그름이 통하고, 괴로움과 즐거움이 통하면 서로 둘이 아니라는 것을 알게 된다. 상극(相剋)은 상통(相通)임을 아는 것이 중도다. 불법을 깨친다는 것은 중도를 이루는 것이다.

《육조단경》에서 혜능은 어둠을 물으면 밝음으로 대답하라고 했다. 어둠과 밝음은 고정된 실체가 있는 것이 아니라 상대적인 개념이기 때문이다. 어둡지 않으면 밝고 밝지 않으면 어둡다. 어둠 때문에 밝음이 있고 밝음 때문에 어두움이 있다. 그러므로 어둠과 밝음은 서로 다른 극단이 아니라 다르지만 동전의 앞뒷면같이 하나임을 알면 중도를 깨닫게 된다는 의미다.

삼독과 삼학

삼독(三毒)은 깨달음을 이루는 데 독이 되는 세 가지 나쁜 마음으로 탐심(貪心), 진심(瞋心), 치심(癡心)을 말한다.

탐심은 욕심을 말하며 재물욕, 명예욕, 수면욕, 식욕, 성욕이 대표적인 오욕(五慾)이다.

진심은 자신의 감정을 추스르지 못하고 자주 화를 내고 짜증을 내는 마음이다.

치심은 청정한 자성(自性)을 보지 못하고 무명(無明, 잘못된 의견이나 집착 때문에 진리를 깨닫지 못하는 마음 상태)에 사로잡힌 어리석은 마음이다.

이런 독과 같은 마음을 벗어나지 못하면 남을 해치고 결국 자신마저 해치기 때문에 반드시 이 세 가지 위험한 마음을 경계해야 한다.

부처님은 삼독을 벗어나 삼학(三學)을 닦을 것을 가르쳤다. 삼학은 수행자들이 배우고 익혀야 할 세 가지 덕목으로 계율[계(戒)], 선정[정(定)], 지혜[혜(慧)]를 말한다. 불도를 닦으려면 우선 계율을 잘 지켜야 하고, 고요하고 흔들림 없는 선정에 들어야 하며, 매 순간 밝고 맑은 지혜를 발휘해야 한다.

계(戒)는 악을 끊고 선을 추구하는 행동 규범을 말한다. 불교에서는 수행자들이 반드시 지켜야 할 계율을 주는데 계의 근본은 몸[身]과 입[口]과 뜻

[意]으로 악을 멀리하고 선을 추구하는 데 있다.

정(定)은 어지럽게 흐트러진 마음을 고요하게 집중해 맑고 또렷한 선정에 드는 것이다.

혜(慧)는 미혹함을 벗어나 진리를 알고 매 순간 실상을 바로 보는 것이다.

"항상 계율을 닦음은 탐욕을 물리치기 위한 것이고 항상 선정을 닦음은 성냄을 물리치기 위한 것이며 항상 지혜를 닦음은 어리석음을 물리치기 위한 것"이라고 달마 대사는 말했다.

불교 교리에는 삼독, 삼학처럼 숫자 3이 많이 나오는데 3은 양극단(양변)을 극복하고 중도를 지향하는 불교의 특징을 담고 있다. 1은 하나로 절대성을 의미하고, 2는 상대성을 말하는데, 3은 절대와 상대를 넘어선 보편성을 지향하기 때문에 항상 숫자 3이 사용된다고 한다.

이 외에도 삼장(경·율·론), 삼보(불·법·승), 삼업(신·구·의), 삼악도, 삼신불, 삼귀의 등등이 있다.

육도 윤회

윤회(輪廻)란 어떤 존재가 행한 선업(善業)이나 악업(惡業)에 따라 사후 여러 세계를 돌아다니며 거듭해서 태어나는 것을 말한다. 불교를 포함한 인도 사상에서는 이 업(Karma)이라는 현재의 행위에 의해 다음 세상인 내세에는 다른 모습으로 태어난다고 말한다. 우리가 흔히 말하는 인과응보가 바로 그것이다. 이런 업과 윤회의 참모습을 깨달아 그 순환의 고리를 끊는 것을 해탈이라고 하는데, 아직 깨달음에 이르지 못한 중생들은 육도(六道) 가운데 한 곳에 태어나고 죽는 삶을 반복한다고 본다. 이를 육도 윤회라고 한다.

육도(六道)란 천상(天上, 하늘 세계), 인간 세계, 아수라(阿修羅, 싸움과 혼란에 빠진 존재), 축생(畜生, 동물 같은 본능으로 사는 존재), 아귀(餓鬼, 늘 굶주리며 싸우는 존재), 지옥(地獄, 가장 고통스런 곳)의 여섯 세계를 말한다.

이 가운데 훌륭한 선업을 쌓은 존재가 가장 높은 천상계에 태어나지만 여기도 수행의 최종 목표지는 아니다. 천상계도 중생이 윤회하는 육도 가운데 하나이기 때문이다. 인간 세상에서 선업을 많이 쌓아 복을 지은 중생이 천상계에 태어나지만 그 복이 다하면 다시 천상을 벗어나 다른 육도의 세계로 떨어질 수 있다. 그러므로 불자들은 천상보다는 깨달음을 얻어 해탈해서 가는 세계인 극락에 태어나기를 발원한다. 오직 극락이라야 다시 윤회함이 없이 영원한 자유를 누릴 수 있기 때문이다.

석가모니 부처님의 깨달음은 두 단계로 이루어져 있다고 한다. 하나는 윤회의 실상을 정확히 발견한 것이며 그 다음은 번뇌를 완전히 제거한 것이다. 흔히 깨달음을 말할 때 번뇌의 제거(열반과 해탈)를 강조하는데 그 만큼 중요한 것이 윤회의 발견이라고 한다.

삼신불

부처님의 몸은 법신(法身), 보신(報身), 화신(化身) 이렇게 셋으로 이루어져 있는데 이를 삼신불이라고 한다. 삼신불은 각각의 특징을 담아 청정 법신불, 원만 보신불, 천백억 화신불이라 부른다.

청정 법신불이란 선이나 악을 분별하기 이전에 본래 청정한 성품[법성(法性)]을 지닌 부처님을 말한다. 청정한 성품이란 더러움이 없기 때문에 깨끗한 것이 아니라 깨끗함과 더러움, 선과 악 같은 이분법을 넘어 본래 텅빈 성품[공성(空性)]을 의미한다. 흰 구름도 먹구름도 어떤 구름도 덮이기 이전의 본래 푸르고 텅빈 하늘을 청정한 본성에 비유했다. 천백억 화신불은 매번 상황에 맞게 모습을 바꿔서 나타나는 부처님이며 원만 보신불은 중생 구제를 위해 훌륭한 공덕을 쌓은 부처님이다. 법신불은 지혜의 근본 부처이며 법신불에서 착한 생각을 일으켜 많은 공덕을 쌓으면 보신불이 되고 보신불이 현실에 여러 가지 모습으로 나타나면 화신불이 된다.

하지만 세 부처님은 우리의 본성에 하나로 통일되어 존재한다. 보통의 중생들에게도 아직 미숙한 수준이지만 삼신불이 구현되어 있다고 한다. 그래서 혜능은 법신, 보신, 화신은 모두 내 육체를 통해 내 본성 안에 본질적으로 갖추어져 있는 부처님이라고 가르치셨다.

열반

'열반'은 산스크리트어 '니르바나(nirvāna)'를 소리대로 번역한 것인데 본래 '불어서 끈다'는 의미를 담고 있다. '타오르는 번뇌의 불길을 불어서 꺼버리고 맑고 고요한 깨달음[적멸(寂滅)]의 경지'에 이르렀을 때 우리는 열반에 들었다고 한다. 모든 번뇌를 제거하고 열반에 이르면 윤회의 세계에 다시 떨어지지 않기 때문에 열반은 불교 수행의 궁극적인 목표다.

열반에는 두 종류가 있다. 하나는 아직 목숨이 붙어 있는 상태에서 열반에 이른 것으로 수행자가 깨달음을 성취한 것을 말한다. 다른 하나는 생전에 열반을 성취한 사람이 목숨이 다하여 돌아가신 것을 말한다. 요즘에는 스님이 돌아가시면 무조건 열반(입적)했다고 말하는데 엄밀한 의미에서 두 번째 열반의 뜻과는 거리가 멀다. 생전에 깨달음을 이룬 수행자가 돌아가시면 마음의 번뇌뿐 아니라 육신까지 사라졌기 때문에 완전히 윤회의 세계를 벗어났다고 할 수 있다. 석가모니불이 35세에 보리수 아래에서 새벽 별빛을 보고 깨달았을 때가 첫 번째 열반이라면 80세에 사리쌍수 아래에서 돌아가셨을 때는 두 번째 열반이다.

열반을 이루기 위해서는 탐·진·치 삼독을 제거해야 한다. 삼독심이 있는 사람은 윤회의 굴레를 벗어날 수 없고 게다가 지옥, 축생, 아귀의 삼악도 중하나에 태어남을 면하기 어렵다.

혜능은 불교의 최고 원리인 중도(中道)를 깨달아 모든 존재의 실상을 보게 되면, 생사(生死)와 열반이 둘이 아니며 번뇌와 깨달음이 서로 다른 둘이 아니라고 말했다. 생사와 열반은 깨달은 자와 깨닫지 못한 자의 차이일 뿐 근본적인 존재의 차이는 아니라는 것이다.

12입(12처)

모든 사물이나 대상은 지각하는 것(지각 기관)과 지각되는 것(지각 대상)을 통해서 포착된다. 이 과정을 불교에서는 12입(入)에 따른 지각이라고 말한다.

석가모니 부처님은 《잡아함경》에서 "일체의 것들이 십이처(十二處 =12입)에 포섭(지각)된다. 십이처란 눈과 색, 귀와 소리, 코와 냄새, 혀와 맛, 몸과 촉감, 생각과 법이다. 만일 십이처를 떠나 일체의 것들을 설명하고자 한다면 그것은 말에 불과하다."라고 했다.

12입이란 여섯 가지 감각 기관[육근(六根)]과 여섯 가지 감각 대상[육경(六境)]을 합해서 부른 것인데 육근은 눈, 귀, 코, 혀, 몸, 마음이며 육경은 색, 소리, 냄새, 맛, 촉감, 생각이다.

18계

12입(6근+6경)에 인식하는 주체인 6식(六識)을 합하여 18계(界)를 구성하는데 인간은 18계를 통해 만물을 경험하고 인식하게 된다. 12입이 물질적인 대상에 대한 작용이라면 18계는 거기에 마음의 작용을 추가하여 육체와 정신 양면을 다 포괄한 것이다.

6식이란 눈으로 보고 아는 안식(眼識), 귀로 들어서 아는 이식(耳識), 코로 맡아서 아는 비식(鼻識), 혀로 맛보고 아는 설식(舌識), 몸의 촉감으로 아는 신식(身識), 생각으로 아는 의식(意識)을 말한다. 눈으로 보이는 것이든, 귀로 들리는 것이든, 생각에 떠오른 것이든 우리가 체험하는 것은 모두 식(識)이라고 한다.

18계를 다시 정리해 보면 다음과 같다.

① 6근(六根, 혹은 육문)= 눈, 귀, 코, 혀, 몸, 마음 = 감각 기관
② 6경(六境, 혹은 육진)= 색, 소리, 향기, 맛, 촉감, 생각 = 감각 대상
③ 6식(六識) = 안식, 이식, 비식, 설식, 신식, 의식 = 감각 주체

감각 기관인 6근이 그 대상(경계)인 6경을 대함으로써 6식이 일어나면서 우리의 모든 활동이 이루어진다. 6근이 6경을 대할 때 '이것은 이렇다 저것은 저렇다'라고 하며 지각 작용을 일으키는데 그 지각의 주체가 바로 6식이다.

예를 들어 눈[안근(眼根)]을 통해 꽃[색경(色境)]을 보고 그것이 꽃인지 알면 안식(眼識), 귀[이근(耳根)]를 통해 종소리[성경(聲境)]를 듣고 종소리인줄 알면 이식(耳識), 코[비근(鼻根)]를 통해 꽃향기[향경(香境)]를 맡고 무슨 냄새인지 알면 비식(鼻識), 이런 식으로 6근을 통해 6경을 대하면서 6식이 성립된다.

서방 정토

서방 정토 극락세계는 물리적인 공간으로 설명하면 우리가 사는 세계로부터 10만억 불국토를 지난 곳에 있다고 한다. 불국토 하나가 삼천대천(三千大天) 세계로 이루어져 있다고 하는데 삼천대천 세계는 삼계(욕계, 색계, 무색계)가 10억 개 모인 곳이다.

다시 말해 삼계가 천 개 모이면 1소천 세계, 1소천 세계가 천 개 모이면 1중천 세계, 1중천 세계가 천 개 모이면 삼천대천 세계가 되는데 이는 우리가 느끼는 광활한 우주 전체를 의미하며 이 우주가 하나의 불국토라는 뜻

이다. 그런데 서방 정토는 이 불국토를 10만억 개 지난 곳에 있다고 했으니, 10만억 곱하기 10억 개의 삼계를 지난 곳에 있다는 말이다. 그것은 우리가 상상조차 할 수 없는 머나먼 곳에 서방 정토가 있다는 의미다.

물리적으로 정토는 이렇게 어마어마한 거리를 두고 있지만, 보리심(깨달은 마음)을 일으킨 보살이 죽을 때 아미타불을 열 번만 불러도 갈 수 있다고 할 만큼 극히 가까운 곳에 있기도 하다. 왜냐하면 서방 정토는 물리적인 존재의 세계가 아니라 정신적인 깨달음의 세계이기 때문이다.

혜능도 깨달으면 지금 여기에 바로 정토가 있고 어리석으면 아무리 염불을 오래 해도 서방 정토는 아득히 멀다고 했다. 서방 정토가 공간이나 거리의 문제가 아니라 마음의 문제이기 때문이다.

실제로 중국에서 인도의 왕사성까지 10만 8천 리인데 이 거리를 중국 사람들은 서방 정토 극락세계까지의 거리라고 생각했다. 하지만 혜능은 우리 몸의 10가지 악행인 10악(惡)과 8가지 사악한 마음인 8사(邪)를 없애면 10만 8천 리를 뛰어 넘어 바로 극락정토에 이른다고 했다. 미혹한 이들은 오랫동안 아미타불을 염불하고 갈고 닦아서 극락에 가려고 하지만 깨달은 사람들은 청정한 자기 마음을 보고 그 자리에서 즉시 극락을 이룬다는 것이다. 10악을 제거하면 10만 리를 가고 8사를 제거하면 8천 리를 가기 때문에 서방 정토는 결코 먼 데 있는 것이 아니며 본래 청정한 불성에 눈 뜨고, 바르게 행동하면 서방 정토는 바로 이 자리에서 이루는 것이라고 했다. 결국 극락정토는 자기 안에 있으므로 자신이 바로 불국토요, 서방 정토임을 안다면 이 자리에서 바로 불도를 완성할 수 있다는 것이다.

삼계
중생의 세계를 욕계(慾界), 색계(色界), 무색계(無色界)의 세 단계로 나누어 삼계라고 부른다. 삼계는 중생들이 끊임없이 죽고 태어나는 윤회의 세계로, 고통이 넓고 깊은 바다처럼 끝없기 때문에 고해(苦海)라고 부른다. 삼계는 모두 33개의 세계[天]로 구성되어 있다.

욕계

식욕, 성욕, 수면욕, 재물욕과 같은 욕망으로 이루어진 세계로, 삼계 가운데 가장 낮은 단계에 해당된다.

욕계는 맨 아래에 지옥(地獄)에서부터 그 위로 아귀(餓鬼)·축생(畜生)·아수라(阿修羅)·인간(人間)의 다섯 세계가 차례대로 있고 그 위에 천상계의 여섯 하늘이 있다(천상계는 모두 28단계의 하늘이 있는데 그 가운데 가장 낮은 여섯 하늘이 욕계에 속한다). 육도는 지옥 — 아귀 — 축생 — 아수라 — 인간계 — 천상계 순으로 점점 수준이 높아진다. 이 가운데 지옥·아귀·축생은 가장 좋지 못한 생존 형태이기 때문에 삼악도(三惡道)라 하며 아수라·인간·천상은 그보다 나은 상태이므로 삼선도(三善道)라 한다.

지옥에서 천상계까지 모두 합하면 욕계 11천이 되는데 대부분의 중생들은 이 욕계 11천을 벗어나지 못하고 이 가운데에서 죽었다 태어났다를 반복하기 때문에 육도를 윤회한다고 말한다.

지옥이란 가장 고통스럽고 사방이 막혀 빠져나올 수 없는 곳이다. 아귀란 한없는 소유욕에 사로잡혀 인색하고 항상 재물을 쫓아 싸우는 중생이다. 아귀들은 아무리 먹어도 항상 배고프고 아무리 재물을 모아도 항상 가난하며 언제나 주리고 인색함을 못 벗어난다. 축생이란 동물처럼 본능으로 살아가며 생명의 가치를 모르고 선악을 구별하지 못하며 이 세상의 도리를 조금도 알지 못하는 중생이다.

삼선도는 삼악도보다는 좋은 업을 지닌 중생들이 태어나는 곳이다. 아수라는 축생보다 높긴 하지만 아집이 강하고 사나워 언제나 싸움만 일삼는 세계다. 언제나 자기주장만을 내세우고 항상 좋은 일을 방해하며 못된 결과만을 불러일으킨다.

인간계는 희로애락으로 살아가는 세계다. 인간은 악함과 선함을 동시에 갖고 있기 때문에 악업으로 죽어서 삼악도에 떨어지기도 하고 선업으로 천상계에 오를 수도 있다. 천상계는 복을 많이 지은 중생이 태어나지만 그 복이 다하면 다시 그 아래 세계로 떨어질 수 있다. 이 때문에 사람들은 죽으면 천상에 태어나기를 염원하지 않고 윤회가 완전히 사라진 극락세계에 태어나기를 발원한다.

색계

욕계 위에 있는 세계로 온갖 욕망을 벗어난 천인(天人)들이 사는 곳이다. 색계의 중생들은 많은 수행을 거친 존재이기 때문에 먹고 자고 소유하는 욕계의 욕망은 초월했지만 여전히 물질의 차원을 벗어나지 못했다. 천상계를 구성하는 28단계의 하늘 세계 중 7번째부터 24번째까지 모두 18단계의 하늘이 색계에 속한다.

무색계

욕계와 색계는 그것이 있는 장소도 있고 방위도 있지만 무색계는 물질의 세계가 아니기 때문에 공간적인 차원으로 말할 수 없다. 물질세계의 원리를 완전히 초월한 지극히 높은 정신세계를 말한다. 무색계는 어떤 장소가 아니라 맑게 집중한 지극히 높은 삼매(三昧, 맑고 고요한 정신적인 집중)의 경지를 의미한다. 총 28단계의 하늘 세계 중 25번째에서 28번째까지 최상위 4단계 하늘이 무색계에 해당된다.

색계와 무색계는 욕계와 달리 물질적·감각적 욕망은 완전히 벗어난 단계이지만 존재 자체에 대한 애착이 남아 있기 때문에 아직 해탈을 이룬 상태는 아니다. 무색계가 고도의 정신적인 세계이긴 하지만 삼매의 힘이 다하면 다시 무색계 이하의 세계로 떨어질 수 있기 때문에 여전히 중생계에 속한다. 그래서 석가모니 부처님은 깨달음을 얻기 전에 다른 스승들로부터 삼매 수행을 배워 무색계의 경지를 성취했지만 이를 모두 버리고 스스로 해탈을 향해 다시 정진했던 것이다.

중생들의 세계를 총괄하여 삼계라고 하며 삼계에는 33개의 세계가 들어 있지만 각각의 세계는 기쁨과 고통이 다르다. 하지만 윤회의 쳇바퀴를 벗어나지 못했다는 점에서 모두 동일하다. 깨달음을 얻어 해탈함은 윤회를 벗어나는 것이며 삼계를 모두 초월하여 다시는 태어나지 않는 부처님의 경지에 도달했음을 의미한다.

석가모니 부처님은 이 삼계의 스승이지만, 아미타 부처님은 삼계 밖의 또 다른 세계인 서방 정토 극락세계에 있고, 약사여래 부처님도 삼계를 벗어난 다른 세계에 있다고 한다. 우주에는 인간이 알 수 없는 수많은 은하와 별들이 반짝이고 있듯이 불교에서도 헤아릴 수 없이 무수히 많은 세계가 우주에 펼쳐지고 있다.

그런데 한 존재가 하나의 세계에만 속한 것이 아니라 수행 정진함에 따라 여러 세계에 동시에 속할 수도 있다. 석가모니 부처님은 2,500여 년 전 인도라는 지구의 욕계 세상에 태어났지만 깨달음을 이룬 뒤에는 욕계, 색계, 무색계를 다 벗어난 해탈의 경지에 도달했던 것이다.

1. 이 책은 청화 스님이 역주한 돈황본 《육조단경》(광륜출판사, 2003)을 기본 텍스트로 삼
   고 성철 스님의 돈황본 《육조단경》(장경각, 2008)을 참고했다. 돈황본은 내용이 간략해
   중요한 부분이 많이 빠졌다는 비판을 받기도 하므로 독자의 이해를 돕기 위해 나카가
   와 다카의 흥성사본 《육조단경》(김영사, 2005)과 탄허 스님의 덕이본 《육조단경》(교림,
   2008)을 필요한 경우에 보충해서 사용했다.

2. 《육조단경》은 판본도 다양한 데다 역주자들마다 내용도 다양하게 단락을 나눈다. 여기
   서는 6개의 장으로 크게 내용을 나누어 각 장의 맨 앞부분에 그 내용을 요약해 두었다.
   그리고 한자말이 아닌 쉬운 우리말로 각 장의 제목과 소제목을 다시 달았음을 밝힌다.

3. 원문의 내용이나 용어 가운데 일부는 독자의 이해를 돕기 위해 약간씩 수정했고 필요
   한 경우에 부분적으로 해설을 덧붙였다.

제 1 장

법회를 열다

제1장_ 법회를 열다

1장은 이 책의 전체 서문에 해당된다. 《육조단경(六祖壇經)》이 어떻게 탄생하게 되었는지 그 역사적 배경을 간략히 밝히고 있다.

《육조단경》의 본래 명칭은 《육조대사법보단경(六祖大師法寶壇經)》이며 《법보단경》혹은 줄여서 《단경》이라 부르기도 한다. 육조(六祖)란 달마 대사가 인도에서 중국으로 건너와 선(禪) 불교를 퍼뜨려 선종의 첫 번째 조사[초조(初祖)]가 된 이래로 달마의 법을 잇는 여섯 번째 조사가 된 혜능 스님을 지칭하는 것이다. 단경(壇經)이란 수계식을 하는 계단(戒壇)에 올라가 설법하신 법문이라는 뜻이다. 그러므로 《육조단경》은 육조 혜능 스님(638~713)이 여러 법문을 통해 대중들을 가르친 말씀을 기록한 일종의 '혜능 어록'이라 하겠다.

혜능은 행자의 신분으로 오조 홍인 대사(594~674)로부터 정식으로 선종의 법통을 계승했지만 주변 사람들의 시기와 반발이 우려돼 홍인의 제자들이 수행하고 있는 빙무산을 떠났다. 그 후 혜능은 종적을 감추고 약 10여 년간 남방에서 은둔했다. 그리고 다시 세상에 나와 조계산 보림사에서 제자들을 키우고 수행하며 열반할 때까지 약 40년간 대중들에게 불법을 펼치게 된다.

1장은 혜능이 은둔을 끝내고 세상에 모습을 드러낸 후 소주의 자사직에 있던 위거의 요청으로 소주 대범사 강당에서 만여 명의 수행자와 일반 신도들을 향해 마하반야바라밀법을 설법하는 장면으로 출발한다. 그 설법 내용을 혜능의 제자인 법해가 기록했다고 밝히고 있다.

《육조단경》에는 대범사의 설법을 시작으로 그 외 여러 종류의 설법과 게송들, 제자들에 대한 지도, 혜능 열반 전후의 기록 등이 두루 담겨 있다. 책의 흐름은 대범사 강단에서 설법을 시작하는 장면부터 열반에 드는 생애의 마지막 순간까지를 묘사하고 있다.

《육조단경》은 혜능 당시에 완성된 것이 아니며 혜능이 곳곳에서 설법한 내용을 법해를 비롯한 여러 제자들이 입에서 입으로 전하고 손에서 손으로 베끼는 오랜 역사적인 과정을 거쳐 탄생했다. 그래서 후대의 역사가들로부터 지극한 칭송과 더불어 많은 비판을 받기도 했다. 하지만 달마 이래로 내려오던 중국 선종의 기틀을 새롭게 확립한 불후의 저술이라는 데는 누구도 이의를 제기할 수 없을 것이다.

육조 혜능 대사가 당나라 고종 때 소주(광동성 곡강현)의 대범사에서 많은 사람들에게 부처님의 법을 전하기 위해 마하반야바라밀법(큰 지혜로 고통의 이 언덕에서 깨달음의 저 언덕으로 건너가도록 가르치는 법)을 가르치고 무상계를 내렸다.

✝ 무상계(無相戒)는 모양에 집착하지 않고 수행하도록 내리는 계율이다. 불교에서는 수행자들에게 수행 단계에 맞게 지켜야 할 계율(규범)을 내리는데 일반 신도들이 불교에 입문하면서 받는 오계, 행자들이 받는 사미계, 비구(남자 스님)나 비구니(여자 스님)가 정식 수행자가 되기 위해 받는 구족계 등 여러 단계의 계율이 있다.

혜능은 설법을 하기 전에 무상계를 주었는데 법회에 모인 많은 중생들이 어떤 형상이나 겉모양에 사로잡히지 않고 늘 깨어 있는 마음으로 수행할 것을 가르치며 수계식을 한 것이다. 그는 무상계를 받는 사람의 수준에 맞게 적절히 설법하고 이해시킨 것으로 잘 알려져 있다. 혜능으로부터 무상계를 받은 많은 제자들이 후대에 그의 선종을 발전시키고 퍼뜨리는 데 큰 역할을 했다.

그때 비구, 비구니, 여러 수행자들, 유학자와 일반 신도 등 약 만여 명이 참석하고 있었다.

소주의 자사(지방의 한 지역을 다스리는 관직) 위거와 삼십여 명의 관료들과 학자 몇몇이 혜능 대사에게 마하반야바라밀법을 간청했고 위거는 대사의 제자인 법해 스님에게 이를 모아서 기록하게 했다. 후대에 이 법을 널리 전해 도를 배우는 사람들이 그 깊은 뜻을 오래 새기며 받들도록 하기 위해 혜능 대사는 다음과 같은 법문을 펼치게 되었다.

✤ 불교에서는 일반적으로 석가모니 부처님의 가르침을 담은 책을 '~경(經)'이라고 부르기 때문에 역대 조사 스님의 가르침을 기록한 책에 '~경(經)'을 붙인 것은 그만큼 《육조단경》이 선종의 역사에서 획기적인 자리를 차지하고 있음을 말해 준다.

혜능(638~713)은 스승인 오조 홍인 대사로부터 행자의 신분으로 일찍이 법을 이어 받았지만 주변의 반발이 우려돼 십여 년 동안 몸을 낮추고 홀로 숨어서 수행에 전념했다.

그 후 인종 법사를 만나 정식으로 구족계를 받고 승려로서 본격적으로 활약하게 된다. 혜능은 당나라 고종 때 조계산의 보림사로 가서 약 40여 년간 대중들을 가르치며 그가 깨달은 불법을 세상에 널리 펼쳤다.

혜능의 선법(禪法)은 초기에 중국의 남쪽 지방에서 유포되었기 때문에 남종선이라 불리는데, 홍인 대사의 또 다른 수제자인 신수가 북쪽에서 펼친 북종선과 사상적으로나 사회·문화적으로 확실히 구분되기 때문에 남종선과 북종선은 늘 대비되어 평가되곤 한다.

또 혜능의 남종선은 중국에서 유포되어 있던 이전의 대승 불교와도 분명히 선을 긋는 새로운 수행 개념을 정립했는데 이런 남종선의 특징이 《육조단경》에 잘 나타나 있다.

특히 혜능의 제자였던 신회는 9세기 초엽에 남종선과 북종선의 대립을 끝내고 남종선을 중국 불교의 정통으로 만들기 위해 의도적으로 《육조단경》을 손질한 것으로 학자들은 추측한다. 신회는 《육조단경》을 다시 편찬하여 혜능이 달마 이래로 적법한 6대 조사이며 석가모니 부처님 이래로 사십 대 조사임을 확실히 못 박고자 했다. 이런 신회의 움직임에 반대하여 그의 동문이자 선배였던 혜충은 신회가 《육조단경》의 본래 의미를 깎아 내리고 엉뚱하게 개작하여 스승의 뜻을 훼손했다고 개탄한 적도 있다.

이렇듯 《육조단경》은 여러 제자들의 손을 거치며 수세대를 건너왔기 때문에 그 과정에서 내용이 삭제되거나 덧붙여지는 변모를 겪으며 다양한 판본들이 등장했다. 이런 까닭에 《육조단경》은 역사적으로 비난과 찬양을 동시에 받았으며 학자들이나 수행자들의 시선을 한 몸에 받는 책이 되었다. 요나라 때는 믿을 수 없는 위경이라 하여 금서로 지정돼 불태워지는 불운을 겪기도 했으며 오늘날까지도 《육조단경》은 동서양의 연구자들로부터 다양한 논쟁을 이끌어 내고 있다.

제 **2** 장
법을 전하다

제 2 장 _ 법을 전하다

　　2장에는 소주 대범사에서 펼친 법문 내용이 이어지는데 혜능은 먼저 자신의 출생 배경과 출가 이전의 삶에 대해 대중들에게 밝힌다.

　　혜능은 좌천당하고 몰락한 선비의 집안에서 보잘것없는 신분으로 태어나 홀어머니를 모시고 나무를 팔아 힘들게 살았다. 어느 날 손님이 주문한 나무를 배달하러 갔다가 《금강경》 한 구절을 우연히 듣고 홀연히 깨닫는 바가 있어 출가를 결심하게 된다. 노모와 작별하고 혜능은 당대 최고의 선지식이었던 오조 홍인 대사를 찾아가 진리의 법을 구한다.

　　홍인 대사는 혜능의 비범함을 한눈에 알아보았지만 불현듯 등장한 남방의 무식한 청년을 행자로 삼은 지 얼마 안돼 그를 공개적으로 차기 조사로 지목할 수는 없었다. 이미 그의 수제자이며 대중의 신망을 한 몸에 받던 신수가 6대 조사의 유력한 후보였기 때문이다. 이런 이유로 홍인은 깨달음의 수준을 드러낼 게송을 짓도록 제자들에게 분부를 내렸다. 이에 신수도 나름대로 수준 높은 게송을 지어 붙였고, 문자를 읽고 쓸 줄 몰랐지만 혜능 역시 본성을 꿰뚫어 본 까닭에 탁월한 게송을 지어 붙였다. 하지만 대중의 칭송을 받던 신수는 기존 대승 불교의 내용을 답습하는 낡은 게송을 지어 붙여 스승으로부터 "다만 (깨달음의) 문 앞에 왔을 뿐 아직 문 안으로 들어오지 못했음"을 뼈아프게 지적 받는다.

　　혜능은 마침내 6대 조사로 인정받아 비밀리에 가사와 법을 전해 받았지만 대중들의 격렬한 반발과 비난이 우려되어 홍인의 수행 도량이 있던 황매현의 빙무산을 떠나 멀리 남방으로 길을 떠난다. 이때 그를 시기 질투한 무리들이 혜능의 가사를 빼앗기 위해 끝까지 그를 추격해 왔다. 그 가운데 혜명이라는 포악한 인물이 마지막까지 혜능을 쫓아왔지만 그는 결국 혜능의 설법에 감복하여 무릎을 꿇게 된다.

1. 스승을 만나다

먼저 혜능 대사는 "선지식들아, 마음을 깨끗이 하여 마하반야바라밀 법(큰 지혜로 고통의 이 언덕에서 해탈의 저 언덕으로 건너가게 하는 법)을 생각하라." 하고 말씀하신 후 스스로 마음을 가다듬기 위해 한참 침묵하신 후 다시 말씀하셨다.

✤ 선지식이라고 하면 제자들에게 불법의 이치를 바르게 가르치고 지도할 수 있는 수행 수준이 높은 스님을 말하지만 여기서 혜능 대사는 법회에 모인 모든 대중들을 선지식으로 부른다. 외부에 있는 고고한 선지식만 선지식이 아니라 자기 안에 있는 불성(佛性, 부처와 같은 청정한 성품)을 알게 되면 누구나 선지식이라는 뜻이다. 진리를 이름 높은 선지식으로부터 혹은 자기 밖의 어떤 높은 곳에서 따로 구하는 것이 아니라 내 안의 진리를 발견하고 스스로 주인임을 알아차리면 누구나 선지식이 될 수 있다는 의미다.

"선지식들아, 내 말을 들으라. 나의 아버지는 본관이 범양인데 관직에서 밀려나 신주로 유배되어 거기서 살았다. 나는 신주에서 태어나 어린 나이에 일찍 아버지를 여의고 늙으신 어머니와 함께 남해로 와서 땔감을 해다가 장터에 내다팔며 가난하게 살아왔다."

어느 날 한 손님이 혜능에게 자기가 기거하는 곳에 땔감을 가져오도록 부탁했다. 혜능이 나무를 가져가서 값을 받고 대문을 나서는데 불현듯 어떤 사람이 《금강경》 읽는 소리를 듣게 되었다. 혜능은 《금강경》 읽는 소리를 한 번 듣자마자 마음이 환하게 열리면서 문득 깨달음을 얻었다. 그는 즉시 독경하는 분에게 물었다.

"어디서 오신 분이기에 이 경전을 지니고 읽고 계십니까?"

"나는 기주 황매현 동쪽 빙무산에 있는 오조 홍인 대사의 문하에서 지냈는데 지금 거기에는 천여 명의 제자들이 함께 수행하고 있습니다. 나는 홍인 대사로부터 다만 《금강경》 한 권을 지니고 공부하기만 해도 견성성불(본성을 바로 보아 곧 부처가 됨) 할 수 있다고 들었습니다."라고 대답했다.

이 말을 듣고 전생으로부터 불법에 인연이 깊었던 혜능은 즉시 어머니를 하직하고 홍인 대사를 뵙기 위해 먼 길을 떠났다.

✤ 글도 모르는 일자 무식꾼으로 땔감을 팔아서 살아가는 혜능이 《금강경》 한 구절을 듣고 불현듯 마음이 밝아져 깨달음을 얻는 장면이다. 《금강경》의 "응무소주 이생기심(應無所住 而生基心)"이라는 구절인데 마음이 어딘가에 머물면 집착이 일어나고 번뇌가 생기기 때문에 어떤 상황이 와도 마음을 새롭게 하여 늘 자유롭게 지낸다는 뜻이다. 마음이 무언가에 사로잡혀 생각이 꼬리에 꼬리를 물면 결국 그 생각이 번뇌가 되어 자기를 옭아매는 사슬이 된다. 그러므로 마음이 한 곳에 머물러 집착이 일어나지 않도록 늘 깨어 있으라는 의

미의 구절이다.

마침내 황매산에 도착한 혜능에게 홍인 대사께서 질문하셨다.

"너는 어디서 온 누구이기에 이 머나먼 곳에까지 와서 나를 예배하느냐? 또한 지금 나에게 구하는 것이 무엇이냐?"

"저는 영남의 신주 사람으로 이렇게 멀리 큰 스님을 예배하러 온 것은 오직 불법을 구함이요, 다른 것은 아무것도 바라지 않습니다."

홍인 대사는 혜능을 꾸짖으며 말씀하셨다.

"너는 영남 사람이고 오랑캐 출신인데 어찌 감히 부처가 될 수 있다고 생각하느냐?"

"사람에게는 남북이 있지만 부처의 성품에 어찌 남북이 따로 있겠습니까. 오랑캐라는 신분은 대사님과 다르겠지만 부처의 성품에 어찌 차별이 있겠습니까."라고 혜능이 대답했다.

홍인 대사는 혜능의 비범함을 얼른 알아보시고 더 많은 이야기를 나누고 싶었지만 주위 사람들을 의식해 더 이상 말씀하지 않으셨다. 그리고 혜능을 방앗간으로 내보내 대중과 함께 일하도록 명하니 혜능은 행자 한 명을 따라가 여덟 달 가량 방아를 찧고 나무를 쪼개며 살게 되었다.

✤ 혜능 대사는 법회에 참석한 대중들에게 설법하기 전에 먼저 자신의 생애를 간략히 소개했다. 관직에 있던 아버지가 좌천되어 남방으로 내려갔고 거기서 서민의 신분으로 태어난 혜능은 나무꾼으로 생계를 유지하며 홀어머니를 모시고 어렵게 살았다. 하지만 우연히

듣게 된 《금강경》 한 구절에 번뜩 눈이 밝아져 스승을 찾아 나섰고 수행자의 삶을 새롭게 시작했다.

수행자는 무엇보다 자신을 바르게 이끌어 줄 훌륭한 스승을 찾는 일이 중요하다. 불법 수행의 길을 선택한 혜능은 늙은 어머니를 하직하고 당대 최고의 선지식인 홍인 대사를 스승으로 삼기 위해 험난한 길을 떠났다.

달마 대사 이래 선종의 다섯 번째 조사인 홍인 대사는 기주(호북성) 황매현의 쌍봉산 동쪽 봉우리인 빙무산에서 제자 천여 명을 거느리며 수행하고 있었다. 그래서 홍인 대사의 법문을 동산(빙무산) 법문이라 했고 황매는 홍인 대사를 가리키는 의미로 쓰였다.

혜능을 처음 본 홍인 대사는 그가 남방 출신이라는 현실적인 약점을 먼저 지적했다. 중국은 오래전부터 중화사상으로 중국이 세계의 중심이며 주변의 나라들은 모두 오랑캐(야만인)라는 생각을 갖고 있었다. 중국인들은 우리 민족을 '동이족'이라 불렀는데 이것도 동쪽 오랑캐라는 뜻이다. 그런 차별적인 생각은 중국 내에서도 나타나 한족 중심의 양자강 이북 지역은 정치적 문화적 중심지로 높이 인정되었고 여러 이민족들이 섞여 사는 양자강 이남은 짐승과 다를 바 없는 미개한 오랑캐 지역으로 분류되었다.

혜능의 출신지인 영남은 대유령 남쪽 지방으로 당시에는 죄인들이 귀양살이를 가거나 이민족들이 많이 사는 비천한 지역으로 인식되었다. 북방의 고고한 수행자인 홍인 대사는 초라한 행색으로 남방의 시골구석에서 불현듯 등장한 혜능에게 이런 현실의 장벽을 내세우며 그의 그릇이 얼마나 큰지 시험해 보았다.

그런데 혜능은 현실의 장벽을 뛰어넘는 지혜로운 대답을 했다. 사람에게는 남북이라는 차별이 있지만 불성에는 그런 세속적인 차별이 없다고 함으로써 그의 높은 경지를 보여주었고 홍인 대사는 한눈에 그의 비범함을 알아보았다. 하지만 편견으로 가득 찬 주변 사람들로부터 오해를 받지 않기 위해 홍인 대사는 혜능과 더 이상 대화를 나누지 않고 일단 행자로 받아들인다. 방앗간에서 남들처럼 허드렛일을 하면서 때를 기다리라는 뜻이다.

행자는 절에서 이런 저런 일을 하면서 정식 스님이 되기 위해 준비하는 예비 수행자를 말한다. 당시에는 수백 명의 대중들이 큰 절에서 함께 기거하며 수행했기 때문에 곡식 껍질을 벗겨 내는 방앗간이 절 안에 있었다. 거기서 혜능은 8개월간 방아를 찧고 장작을 패고 우물물을 긷는 허드렛일을 하면서 큰 뜻을 펼치게 될 훗날을 기다린다.

왕실과 귀족 중심의 불교가 우세한 당시에 남방 출신의 가난하고 무식한 한 청년이 등장해 스승의 눈에 띄게 된 것은 앞으로 다가올 불교 역사의 놀라운 역전 드라마를 예고한다. 북쪽에서 귀족 중심의 북종선을 이끌게 되는 신수와 남방의 서민 지역에서 남종선을 퍼뜨리게 될 혜능의 대접전을 서서히 예고한 것이다. 혜능은 이 극적인 드라마를 승리로 이끌어 가는 주인공이 될 것이다.

돈황본에는 없지만 다른 판본에 따르면 홍인 대사는 혜능을 행자로 받아들인 후 몇 차례 방앗간으로 찾아가 그의 능력을 점검했다고 한다. 밤이 되자 남몰래 혜능을 자기 방으로 불러와 사흘 밤낮으로 함께 이야기하면서 그의 깨달음이 보통이 아님을 확인한 후 선종의 법통을 혜능에게 전하기로 마음먹었다는 기록이 있다. 선종은 인도에서 중국으로 건너온 달마 대사(초조)를 시작으로, 이조 혜가 → 삼조 승찬 → 사조 도신 → 오조 홍인 대사로 이어져 내려왔고 혜능이 이제 6대 조사로 선종의 법통을 이어받으려 하고 있다.

2. 신수의 게송

하루는 홍인 대사께서 제자들을 모두 불러 모아 말씀하셨다.

"여러분들 모두에게 이르겠다. 사람으로 태어나 이 세상에서 가장 큰 일은 나고 죽는 생사의 문제다. 여러분은 하루 종일 먹을 궁리나 하고 복 받기만을 바랄 뿐 생사고해를 벗어나려고 애쓰는 이가 없다. 여러분의 밝은 성품이 어둠에 가려 빛을 잃고 있다면 어찌 복의 문이 열려 여러분을 구제할 것인가. 여러분은 모두 방으로 돌아가 스스로를 살펴보도록 하라. 그리고 반야의 지혜로 마음을 밝힌 이들은 게송을 한 수 지어서 나에게 가져오도록 하라. 내가 그 게송을 보고 큰 뜻을 깨달은 이가 있다면 그에게 가사(스님의 옷)와 법을 물려주고 6대 조사로 삼을 것이니 모두들 서둘러라."

스승의 분부를 받은 제자들은 각자 돌아가 의논하기를 "우리들이 굳이 마음을 가다듬고 게송을 지어 바칠 필요는 없다. 신수 스님은 이미 우리의 교수사(敎授師, 스승을 도와 대중들을 지도하는 임무를 맡은 스님)이니 그가 게송을 짓고 법을 전수받을 게 분명하다. 우리는 이제부터 신수 스님에게 의지하게 될 것인데 무엇하러 번거롭게 게송을 짓겠는가." 하며 모두들 게송을 지으려 하지 않았다.

그즈음 홍인 대사는 화공 노진에게 자신의 방 앞에 있는 복도 세 칸에 능가변상도(부처님께서 《능가경》을 설법하는 장면을 그린 그림)와 자신이 가사와 법을 제자에게 전하는 그림을 그리게 해 후대에 길이 남기려 했다. 노진은 벽을 유심히 살핀 후 다음 날 작업을 시작하려고 대기 중이었다.

한편 제자들 가운데 으뜸인 신수는 스승이 내린 과제를 떠올리며 생각했다.

"내가 교수사이기 때문에 다들 게송을 지어 바치지 않는구나. 아무래도 내가 게송을 지어 스승께 올리지 않을 수 없다. 나도 게송을 바치지 않는다면 스승께서 어찌 내 마음속 견해가 깊은지 얕은지 아시겠는가. 내 마음의 게송을 올려 뜻을 밝히고 법을 구함은 올바른 일이지만 다음 조사의 자리를 넘본다면 그것은 옳은 일이 아니다. 그것은 범부의 마음으로 성인의 지위를 뺏는 것과 같다.

하지만 게송을 지어 바치지 않는다면 결코 올바른 법을 얻지도 못할 것이다. 생각하면 생각할수록 참으로 어려운 일이로다. 깊은 밤 삼경에 사람들이 보지 못하도록 남쪽 복도의 중간쯤 벽에 게송을 지어 붙이고 진심으로 스승님께 법을 구해야겠다. 만약 스승님께서 이를 보시고 당치 않다고 하시면 내 전생의 업장(業障, 업의 장애라는 뜻으로 말이나 행동 또는 생각으로 지은 지난날의 잘못에 의한 장애)이 두터워 깨달음의 법을 얻지 못한 것이다. 성인의 깊고 높은 뜻은 알기 어려우니 그러면 내 마음을 스스로 쉬게 하리라."

밤새 몇 번을 망설이고 뒤척이며 고민하다 신수는 야밤에 촛불을 들고 나가서 아무도 모르게 남쪽 복도의 벽에 이렇게 게송을 써 붙였다.

몸은 보리(깨달음)의 나무요
신시보리수(身是菩提樹)

마음은 밝은 거울의 받침대와 같으니
심여명경대(心如明鏡臺)

늘 부지런히 털고 닦아서
시시근불식(時時勤拂拭)

티끌과 때가 묻지 않도록 하라
막사유진애(莫使有塵埃)

신수가 이 게송을 붙여 놓고 방에 돌아와 누웠으나 아무도 눈치 채지 못했다. 다음 날 아침 홍인 대사는 노진에게 계획했던 그림을 그리게 하려고 복도에 나왔다가 문득 벽에 붙은 신수의 게송을 보았다. 대사는 노진에게 돈 삼만 냥을 주며 말했다.

"그대가 멀리서 그림을 그리려고 온 노고는 참으로 대단하다. 하지만 능가변상도는 그리지 않는 게 좋겠다. 부처님은 《금강경》에서 '무릇 모양이 있는 것은 모두 다 허망하다[범소유상 개시허망(凡所有相 皆是虛妄)].'라고 말씀하셨다. 그러니 모양을 그리는 허망한 일을 하는 대신 이 게송을 벽에 걸어 두고자 한다. 깨우치지 못한 중생들이 이 게송을 외우고 의지하며 수행의 길잡이로 삼는 게 더 좋을 것이다. 그렇게 하면 중생들이 적어도 삼악도(살아서 지은 죄업으로 죽어서 지옥, 아귀, 축생이라는 세 가지 고통의 세계에 들어감)에는 떨어지지 않을 것이며 이 법에 의지하여 수행한다면 사람들에게 큰 이로움이 있으리라."

홍인 대사는 제자들을 모두 불러 모으고 게송 앞에 향을 피우며 말씀하셨다.

"여러분들은 모두 이 게송을 외워 마침내 밝은 자기의 본성을 보도록 하라. 이에 의지하여 수행하면 결코 타락하는 일은 없을 것이다."

제자들은 모두 신수의 게송에 감탄하며 게송을 외우고 신수를 공경했다.

깊은 밤에 홍인 대사는 다시 신수를 거처로 불러 이야기를 나누었다.

"자네가 이 게송을 지었는가, 그렇다면 마땅히 나의 법을 얻으리라."

"부끄럽습니다. 스승님. 사실 제가 지었으나 감히 다음 조사의 자리를 얻으려는 의도는 아닙니다. 스승님께서는 자비의 마음으로 살펴 주십시오. 이 제자가 조그만 지혜라도 지녀서 큰 뜻을 깨달았는지 말씀해 주십시오."

"자네의 게송을 보면 소견(견해)은 도달했지만 다만 문 앞에 이르렀을 뿐 아직 문 안으로 들어오지는 못했다. 범부들이 이 게송에 의지해 수행한다면 타락하진 않겠으나 이 정도 견해로는 최고의 진리(깨달음)에 도달했다고 하지 못할 것이다. 최고의 깨달음이란 자기의 본래 청정한 마음[자성(自性)]을 꿰뚫어 보고 불생불멸하는 자성을 한눈에 알아보는 것이다. 며칠 더 생각해 보고 다시 게송을 한 수 지어서 바치도록 하라. 만약 문 안으로 들어와 자성을 보게 되면 반드시 가사와 법을 그대에게 전할 것이다."

신수는 방으로 돌아와 며칠 밤을 고민했지만 마음만 점점 무거워질 뿐 결국 게송을 짓지 못했다.

✤ 신수는 처음에 유학을 공부하다가 뒤에 출가하여 50세 즈음 홍인 대사의 문하에 들어갔다. 빙무산에서 몇 년간 수행하며 홍인으로부터 출중한 능력을 인정받았고 수많은 대중들을 이끄는 상좌(대표 제자)가 되었다. 하지만 혜능이 법통을 이어받고 남방으로 떠난 후 그도 물러났다고 한다.

여기 게송을 지어 바치는 과정에서 보여 준 신수의 모습은 이미 자신감을 잃은 듯하다. 혜능의 제자들이 《육조단경》을 편집하는 과정에서 혜능을 부각시키기 위해 상대적으로 신수를 지나치게 비하시켜 묘사한 것으로 보인다.

신수도 혜능이 등장하기 전에는 홍인의 법이 모두 그에게 있다고 할 만큼 칭송을 받았던 탁월한 인물이었다. 큰 키에 빼어난 용모로 많은 수행자들과 대중들의 존경을 한 몸에 받았고 홍인 대사의 문하를 떠난 후에는 낙양과 장안 일대에서 귀족 중심의 북종선을 이끌며 활발하게 활동했다. 특히 왕실과 깊이 연관되어 측천무후, 중종, 예종 3대에 걸쳐 당나라 황제들로부터 높은 지지를 받았던 인물이다.

반면 혜능은 양자강 이남의 천대 받는 오랑캐 지역 출신으로 일자무식에다 왜소한 외모를 가진 보잘것없는 사람이었다. 하지만 오조 홍인 대사의 문하에 들어온 지 8개월 만에 뛰어난 신수를 제치고 스승의 법을 이어받았다. 이는 당시로서는 상상도 할 수 없는 파격적인 조치요, 주변 사람들에게 충격적인 사건이었다.

신수가 써 붙인 게송에는 그가 나중에 이끌어 간 북종선의 사상이 잘 드러난다. 북종선에서 수행을 바라보는 입장은 다음과 같다. 1)정(선정)과 혜(지혜)는 서로 별개의 것이며 선정에 먼저 들어야 다음에 지혜가 나온다. 2)앉아서 움직이지 않고 함부로 마음을 일으키지 않는 것이 일행삼매다. 그러므로 좌선이라는 몸의 자세가 매우 중요하다. 3)"늘 부지런히 털고 닦아서"라는 게송의 구절처럼 수행이란 오랜 세월에 걸쳐 점차적으로 닦아나가는 것[점수(漸修)]이다. 그렇게 오래 마음을 닦아야만 언젠가 해탈에 이른다.

이는 혜능의 남종선이 정립되기 이전 기존의 대승 불교에서 추구했던 수행관으로 혜능은 《육조단경》에서 이런 입장을 철저히 비판했다. 《육조단경》의 내용은 이런 북종선의 입장을 차근차근 반박하고 새로운 선 불교(禪佛敎)의 방향을 제시한 것이다.

모양이 있는 것은 다 허망하다는 《금강경》의 구절을 인용하면서 홍인 대사는 애초에 그리려고 했던 능가변상도를 취소하고 대신 벽에 붙은 신수의 게송을 외우게 했다. 그러면 적어도 사람들이 삼악도에 떨어지는 일은 면할 수 있다고 했다. 하지만 신수의 게송에서 중요한 대목은 그 게송으로는 더 높은 깨달음에 이르기 어렵다는 점이다.

홍인 대사는 신수의 경지가 깨달음의 문 앞에는 이르렀으나 아직 문 안으로 들어오지는 못했다고 평가했다. 여기서 문 안의 수행과 문 밖의 수행의 질적 차이가 드러난다. 게송에서 드러나듯이 신수는 몸과 마음을 오랫동안 부지런히 갈고 닦는 단계에는 이르렀으나 자성을 꿰뚫어 보지 못했고 깨달음의 문 안에 들어오지 못했다는 것이다.

다음에 나올 혜능의 게송에서 우리는 그 차이를 확실히 느낄 수 있다. 혜능은 신수의 게송에 대응하여 지은 게송에서 깨달음의 문 안에 들어오면 이미 몸과 마음은 더 이상 닦을 대상이 아님을 읊게 된다.

홍인 대사가 화가에게 능가변상도를 그리게 하려다 취소한 대목도 유의해서 볼 필요가 있다. 선종의 역사에서 초조 달마로부터 오조 홍인까지는 《능가경》을 소의 경전(한 교파에서 교과서처럼 기본으로 의지하는 경전)으로 삼았다. 그런데 홍인 대사 이후부터 《능가경》 대신 《금강경》을 점차 강조하게 되었고 혜능이 법을 이은 뒤부터는 선종의 소의 경전이 《능가경》에서 《금강경》으로 완전히 바뀌게 된다. 여기서 《능가경》을 전수하는 그림을 취소한 것은 그런 전환기를 상징한다고 봐도 되겠다.

본래 달마의 선종을 '능가종'이라고 했는데 이 능가의 전통은 오조 홍인 대사와 그의 수제자인 신수에게로 이어졌다. 혜능이 열반한 이후에 그의 제자였던 신회는 신수가 이은 능가종의 전통을 밀어내고 '반야종'이라고 불리는 혜능의 선을 달마의 정통으로 삼는 운동을 맹렬히 전개했다. 마침내 신회에 의해 《금강경》이 선종의 소의 경전으로 완전히 굳어졌다.

혜능선(혜능의 선종)은 경전이나 교리를 멀리하고 오직 마음으로 깨달음을 추구한다고 알려져 있다. 하지만 혜능선이 처음부터 불립문자(不立文字)를 내세우며 문자나 경전을 멀리한 것은 아니었다. 《금강경》은 혜능이 출가하는 데 결정적인 동기를 부여했고 《육조단경》을 저술하는 데 근본적인 가르침을 제공했다. 《금강경》뿐 아니라 《유마경》, 《열반경》도 혜능선의 탄생에 중요한 기초로 작용했기 때문에 이런 경전의 내용은 《육조단경》 곳곳에서 자주 인용되고 있다.

그러므로 혜능의 선종은 경전에 근거를 두면서도 현실의 실천을 강조하는 독특함이 있다. 훗날 마조도일 같은 혜능의 제자들이 고고한 선 불교의 이상을 펼칠 때는 문자를 희롱하고 오직 교리 밖에서 마음으로만 진리를 전한다고 하여 불립 문자 교외별전을 주장했다.

하지만 출발 단계에 있는 혜능선은 이런 고고한 선풍을 외칠 단계
가 아니었다. 신수의 북종선과 겨루어 남종선의 정통성을 확보해야
했고 남종선의 기틀을 확립해 기존의 대승 불교와 차별성을 갖추어
야 했다. 이런 역사적인 사명을 담당해야 했던 남종선은 종래의 경전
중시 풍토를 완전히 배격하지 않고 이를 적절히 수용하면서 동시에
현실의 실천 수행을 강조하여 양쪽을 아우르는 노력을 했다. 이런 점
이 혜능선의 큰 특징이라 하겠다.

3. 혜능의 게송

한 동자승이 방앗간 곁을 지나면서 홍인 대사의 지시대로 열심히 신
수의 게송을 외웠다. 이를 들은 혜능은 아직 자성을 보지 못하고 큰 뜻
을 깨치지 못한 게송임을 알고 즉시 동자에게 물었다.

"지금 무슨 게송을 외고 있나요?"

"모르시나요? 큰스님께서 나고 죽는 생사의 문제가 가장 큰 일이니
제자들에게 각자 게송을 한 수씩 지어서 바치라고 했습니다. 만약 큰 뜻
을 깨달은 이가 나타나면 가사와 법을 전해 6대 조사로 삼는다고 했지
요. 마침 신수 상좌가 남쪽 복도 벽에 무상게(모양을 벗어난 경지를 노래한 게
송) 한 수를 지어 붙여서 이를 모든 제자들이 외우고 있답니다. 이 게송

을 깨친 이는 곧 자성을 볼 것이니 이에 의지해 수행한다면 생사의 고통에서 벗어난다고 큰스님께서 말씀하셨습니다."

혜능이 대답했다.

"나는 여기서 여덟 달 남짓 방아를 찧었지만 아직 조사당(홍인 대사의 방) 앞에도 가보지 못했소. 부디 나를 그곳으로 데려가 이 게송을 예배하도록 해 주시오. 나도 이 게송을 외워 다음 생에 부처님의 나라에 태어나는 인연을 맺길 바라오."

동자는 혜능을 데리고 조사당의 남쪽 복도로 갔다. 혜능은 이 게송에 경배했지만 정작 글을 알지 못해 다른 이에게 읽어 줄 것을 간청했다. 신수의 게송을 다 듣고 난 혜능은 바로 뜻을 파악했고 스스로 한 게송을 지었다. 글을 쓸 줄 아는 이에게 서쪽 벽에 다시 써 줄 것을 부탁하여 자기의 마음을 공개적으로 나타내 보였다. 본래 마음(자성)을 알지 못하면 법을 배워도 이롭지 않으니 마음을 알고 자성을 보아야만 큰 뜻을 깨닫게 된다는 뜻으로 혜능은 다음과 같은 게송을 읊었다.

보리(깨달음)는 본래 나무가 없고
보리본무수(菩提本無樹)

밝은 거울 역시 받침대가 없네
명경역무대(明鏡亦無臺)

부처의 성품은 언제나 맑고 깨끗한데
불성상청정(佛性常淸淨)

어디에 티끌과 먼지가 묻으리요
하처유진애(何處有塵埃)

마음은 보리의 나무요

심시보리수(心是菩提樹)

몸은 밝은 거울의 받침대라

신위명경대(身爲明鏡臺)

밝은 거울은 본래 깨끗하니

명경본청정(明鏡本淸淨)

어디에 티끌이 묻으리요

하처염진애(何處染塵埃)

주위의 스님들은 혜능이 지은 게송을 보고 다들 놀라서 의아해 했고 혜능은 방앗간으로 돌아갔다. 홍인 대사께서 이 게송을 보시고 혜능이 높은 지혜를 갖추고 깨달음의 큰 뜻을 얻었음을 알아보았다. 하지만 주변 사람들이 이 사실을 알고 시기하며 혜능을 해칠까 두려워 대중들에게는 "이 게송 역시 아직 아니다."라고 짐짓 거짓으로 말씀하셨다.

홍인 대사는 깊은 밤 삼경에 혜능을 조사당으로 불러 《금강경》을 설법해 주셨다. 혜능이 대사의 설법을 한 번 듣고 말끝에 즉시 깨치니 그날 밤에 바로 스승은 선종의 법을 혜능에게 전했다. 하지만 아무도 그 사실을 알지 못했다. 홍인 대사는 단박에 깨달음을 얻는 돈오의 가르침과 함께 자신의 의발(스님의 옷과 평소에 쓰는 밥그릇)을 전해 주며 말씀하셨다.

"이제 그대가 우리 선종의 6대 조사가 되었으니 이 가사(스님의 옷)를 증거로 삼아 달마 대사 이래로 상속되어온 법을 대대로 잇고 후손들에게 널리 전하도록 하라. 달마 대사가 처음으로 이 땅에 오셨을 때 사람들이 믿지 않자 이 가사를 전하여 믿음의 증거로 삼고 대대로 이어왔다. 법이란 마음으로써 마음을 전해 모두로 하여금 스스로 깨닫고 터득하게 하는 것이니 예부터 부처와 부처는 오직 서로 본체(근본 몸체)를 전하고 스승과 스승은 은밀히 본심을 전했다[이심전심(以心傳心)].

혜능이여, 가사는 다툼을 불러일으킬 것이니 자네에게서 그치고 더 이상 후대에 전하지 말라. 예로부터 가사를 받고 법을 전수한 사람은 목숨이 실낱에 매달린 것처럼 위태로웠다. 만약 여기서 계속 머무른다면 누군가 자네를 시기하고 해치려 할지 모르니 지금 곧 길을 떠나도록 하라. 그대가 떠난 지 3년 뒤에 나는 마침내 세상을 버리게 될 것이니 이제 남방으로 향하되 속히 설법하려고 들지 말라."

✤ 가사는 스님의 옷이며 발우는 스님이 평소에 쓰는 밥그릇인데 이를 합쳐 의발이라 한다. 예로부터 스승은 제자에게 법을 계승시 킨다는 의미로 자신이 사용하던 물건들을 징표로 건네주곤 했다.

교종에서는 경전이나 교리를 중시하기 때문에 경전이나 교리 책 혹은 스승이 강의할 때 쓰던 책상 같은 것을 물려주곤 했다. 그러나 선종은 이론이나 격식을 초월해 경전이나 문자에 의지하지 않고 생 활 가운데 늘 깨어 있는 마음을 강조했다. 그래서 옷이나 밥그릇, 지 팡이 같은 생활 도구나 참선 도구를 제자에게 전하곤 했다.

혜능이 문자를 읽고 쓸 줄 모른다는 사실은 선종의 특징을 상징적 으로 말해 준다. 혜능은 비록 문자를 읽고 쓸 줄 모르지만 《금강경》, 《법화경》, 《열반경》 등 《육조단경》에 등장하는 여러 경전의 내용을 한 번만 듣고도 대번에 그 뜻을 알아차린다. 이는 불법이 문자나 학식을 갖춰야만 터득할 수 있는 어려운 교리가 아니라 마음에서 마음으로 통하는 진리임을 말해 준다. 진리는 지식을 통해서가 아니라 마음을 통해 깨닫는 것이다.

이제 신수와 혜능의 게송이 모두 소개되었으니 두 게송을 한번 비교해 보자. 각 게송의 핵심 구절을 살펴보면 서로의 차이가 분명히 드러난다. 신수는 "때때로 부지런히 닦아서"라고 했고 혜능은 "부처의 성품은 언제나 깨끗하니(돈황본의 이 표현은 덕이본에서 "본래 한 물건도 없으니"로 바뀌었다)"라고 했다.

혜능 이전의 대승 불교에서는 사람의 마음은 선과 악이 공존하고 있기 때문에 마음을 잘못 쓰면 악해질 위험이 있다고 보았다. 그래서 마음을 선하게 쓰도록 항상 노력하고 악에 물들지 않도록 늘 갈고 닦아야 한다고 가르쳤다. 상식적인 도덕으로 들릴 수도 있는 이야기인데 신수는 심혈을 기울여 쓴 게송에서 "악을 멀리하고 선을 점차 갈고 닦아서 언젠가 부처를 이룬다."는 종래의 생각을 반복했다.

그러나 혜능에게는 무언가 오랫동안 갈고 닦아서 언젠가는 이루어야 할 어떤 것이 아무것도 없다. 그것을 덕이본 《육조단경》에서는 "본래 한 물건도 없다."라고 표현했는데 이는 혜능 당시의 것은 아니다. 혜능 사후 후대에 완전히 북종선을 제압하고 남종선이 중국 전역에 선풍을 드날리던 때 오직 불립 문자 교외별전을 내걸고 나온 표현이다. 문자를 통해서는 진리를 이룰 수 없으며 경전 밖에서 마음으로 깨달음을 전한다는 뜻이다.

　가장 오래된 판본인 돈황본 《육조단경》에는 "본래 한 물건도 없다."라는 표현 대신 "부처의 성품은 언제나 깨끗하니(누구나 갖춘 부처의 성품은 원래 청정하기 때문에 근본적으로 때 묻을 여지가 없다는 의미다)"라고 되어 있다. 몸이나 마음은 어떤 고정된 실체가 없기 때문에 닦거나 손댈 데가 없으며 손댈 수 있는 것도 아니다. 본성은 한 번도 더러움에 물든 적이 없기 때문에 닦을 필요가 없으며 오직 맑고 깨끗한 본래 마음을 제대로 볼 수 있으면 된다는 것이 혜능이 읊은 게송의 내용이다.

　어떤 표현이든 남종선에서 가장 중요한 것은 누구나 갖춘 자성의 청정함을 알아차리고 본래 여여한(如如, 한결같은) 본성으로 돌아가는 것이다. 여여한 본성이란 모든 갈등과 고뇌, 애정이나 증오심이 끊어진 상태에서 본래의 밝고 자족적인 성품을 회복하는 것이다. 좋아하고 미워하는 애증심을 벗어나고 무언가에 집착하고 머무름이 없이 늘 새롭게 마음을 내는 길만이 성불의 길이다. 혜능선에서 볼 때 악은 말할 것도 없고 선에 매달리는 것조차 참다운 도가 아니다. 버려야 할 악도, 찾아야 할 선도 없다는 말이다.

　정리하자면 신수는 오랫동안 갈고 닦아 부처를 이룬다는 전통적인 수성성불(修性成佛)의 정신을 표현했다. 반면 혜능은 누구나 본래 갖춘 부처의 성품으로 돌아가기만 하면 된다는 여여성불(如如成佛) 혹은 견성성불(見性成佛)의 정신을 나타냈다.

그러므로 혜능선은 민주적이며 평등한 사상이다. 귀족 불교가 지배하던 시절에 혜능은 인간은 잘났든 못났든 누구나 청정한 불성을 지닌 존엄한 존재이므로 이를 자각하고 깨달으면 누구나 이 자리에서 성불할 수 있다고 했다. 남녀노소 지위고하를 떠나 누구나 스스로를 제도(濟度, 구원)하며 내 안에 있는 지혜와 자비의 빛으로 세상을 비출 수 있다는 뜻이다.

혜능이 의발과 법을 전해 받고 깊은 밤 삼경에 떠나려 하니 스승은 몸소 구강역(강소성 구강군에 있는 나루터)까지 나와 그를 전송했다.

이에 혜능은 즉시 스승을 하직하고 남쪽으로 길을 떠났다.

두 달가량 지나 혜능은 대유령(강서성 대유현과 광동성 남웅현의 경계에 있는 고개)에 이르렀다. 그런데 자기도 모르는 사이에 수백 명의 사람들이 뒤를 쫓아와 그를 해치고 가사와 발우를 뺏으려 시도했지만 도중에 대부분 돌아가는 일이 많았다.

그 중에 성은 진이요, 이름은 혜명이라는 사람이 있었는데 그는 도중에 돌아 가지 않고 대유령 고개 마루까지 쫓아와 혜능을 해치려고 했다. 진혜명은 원래 출가하기 전에 삼품 장군으로 성품과 행동이 거칠고 포악하기로 유명해 혜능은 미련 없이 그에게 가사와 발우를 주며 말했다. "이 가사는 믿음의 표시니 어찌 힘으로 다루겠는가." 혜능이 바위 위에 의발을 놓고 풀숲에 숨자 혜명이 와서 의발을 거두려 했지만 꼼짝도 하지 않았다. 그때 혜명이 나서서 말했다. "제가 멀리서 스님을 따라온 것은 가사를 구함이 아니요, 오직 법을 구할 따름입니다."

이에 혜능은 풀숲에서 나와 서슴없이 말했다. "네가 법을 위해 왔다면 모든 인연을 막고 쉬어서 한 생각도 내지 말라. 내가 너를 위해 법을 설하겠다."

조금 있다가 혜능은 "선(善)도 생각하지 말고 악(惡)도 생각하지 말라. 그렇다면 어떤 것이 혜명의 본래 면목인가?" 이렇게 가르치니 혜명은 법문을 듣고 즉시 마음이 열려 깨달음을 얻었다.

혜명이 말했다. "제가 비록 황매(홍인 대사의 가르침)에 있었으나 실로 자기 면목을 살피지 못했습니다. 이제 법을 제대로 가르쳐 주시니 스님은 저의 스승입니다." 혜능은 혜명에게 다시 북쪽으로 가서 많은 사람들을 가르칠 것을 당부하며 말했다.

"나 혜능이 여기 와서 머문 것은 여러 관리들과 수도자들, 재가 신도들과 함께 헤아릴 수 없이 많은 전생으로부터 인연을 맺었기 때문이다. 이 가르침은 역대의 성현들이 물려주신 것이지 내가 스스로 알아낸 지혜가 아니다. 이런 가르침을 배우고자 하는 이들은 각자 스스로 마음을 맑게 하여 설법을 듣고 어리석음과 미혹(迷惑, 마음이 무언가에 홀려서 갈팡질팡 헤맴)함을 벗어나 옛 성현들과 똑같은 깨달음을 얻길 바란다.

선지식아, 깨달음의 지혜는 세상 사람들이 원래 간직한 것인데 다만 마음이 미혹하여 스스로 알지 못할 뿐이다. 앞서 가는 훌륭한 선지식의 지도를 받아 반드시 자신의 본성을 똑바로 보도록 하라. 깨닫게 되면 곧 지혜를 이룰 것이다."

✤ 홍인 대사는 수많은 대중들이 나이도 많고 수행 경력도 높은 신

수 스님을 따르는 상황에서 글도 제대로 읽을 줄 모르고 신분도 초라한 남방 출신의 혜능을 후계자로 결정한 뒤 생기게 될 혼란과 주변의 반발을 심각하게 우려했다. 홍인 대사는 혜능에게 "곧장 남쪽으로 내려가 앞으로 몇 년간은 머리카락도 보이지 말라."라고 당부했고 즉시 혜능은 빙무산을 떠났다.

그 후 혜능은 종적을 감추고 약 16년간(혹은 15년간) 서민들이 사는 남방에서 은둔했다. 혜능이 가사와 발우를 전수받았지만 이를 시기 질투한 무리들이 그를 해치려 하자 이들을 피해 오랜 시간 숨어서 지낸 것은 법을 펴게 될 적절한 시절이 도래하기를 기다린 것이다. 그 후 혜능은 세상에 모습을 드러내 조계산에서 신도들과 함께 보림사를 짓고 세상을 떠날 때까지 거기서 약 40년간 가르침을 펼치게 된다.

덕이본에는 홍인 대사와 혜능이 이별하는 장면을 좀 더 자세히 서술했다. 큰 지혜로 사바세계(괴로움에 싸인 인간 세계)인 이 언덕에서 깨달음의 저 언덕으로 건너간다는 마하반야바라밀법을 스승과 제자가 대화를 나누며 직접 실행하는 광경이다.

홍인 대사는 혜능을 전송하여 구강역까지 동행하셨다. 마침 구강역에는 배가 한 척 있었는데 홍인 대사께서 혜능을 배에 태우고 손수 노를 저어 갔다. 이때 혜능이 "스님께서는 앉아 계십시오. 제가 노를 젓겠습니다. 제가 헤맬 때에는 스님께서 강을 건네주셔야

하지만 이제 저도 깨달음을 얻고 법을 이었으니 스스로 강을 건너 겠습니다."라고 말하자 홍인 대사도 "옳도다. 자성에 의해 스스로 건너간다는 그 견해로부터 앞으로 그대의 불법은 온 세상에 널리 퍼져나갈 것이다."라고 답했다.

돈황본에는 내용이 간략하여 혜명과 헤어진 이후 혜능의 행적이 서술되어 있지 않다. 좀 더 자세한 내용을 덕이본《육조단경》을 통해 보충해 본다.

스님이 조계산에 이르렀으나 또 다시 나쁜 사람들에게 쫓겨 사회현으로 피신하여 사냥꾼들 틈에 끼어 그들에게 설법하면서 16년을 머물렀다. 사냥하는 사람들이 짐승을 잡은 그물을 지키라고 하면 그는 매번 생명을 보고 놓아 주었고 식사 때가 되면 항상 사냥꾼들의 고기 냄비에 나물을 함께 얹어 누가 물으면 고기 곁의 나물만 먹는다고 답했다.

이어서 오늘날까지도 사람들 입에 많이 오르내리는 '바람과 깃발 이야기(풍번문답)'가 등장한다. 그 부분을 계속 읽어 보자.

혜능이 마침내 법을 펼칠 때가 되었음을 느끼고 더 이상 도망가지 않겠다고 마음먹고 나가서 광주 법성사에 이르렀다.

그때 인종 법사가《열반경》을 강의하고 있었는데 바람이 불고 깃발이 펄럭이자 한 스님이 "깃발이 움직인다."라고 말했고 다른 스님은 "바람이 움직인 것이다."라고 말해 서로 옥신각신하고 있었다. 이에 혜능이 나아가 "깃발이 움직인 것도 아니요 바람도 움직인 것이 아니니, 오직 당신들 마음이 움직인 것이다."라고 말했다.

혜능의 말에 모든 대중들이 놀랐고 인종 스님 역시 이 말을 듣고 깜짝 놀라 윗자리에 그를 모시며 물었다. "스님은 보통 사람이 아니군요. 황매(홍인 대사의 수행 가문)의 법이 남쪽으로 내려왔다고 들었는데 스님이 그 법을 이으신 게 분명하지요?" 혜능이 변변치 못하다고 겸손하게 답했지만 인종은 제자의 예의를 갖추어 전수 받은 의발을 대중에게 내어 보여 주기를 간청했다.

인종은 "저의 설법이 깨어진 기왓장이나 자갈에 불과한 것이라면 스님의 설법은 황금과 같습니다."라고 말했다. 그리고 인종은 혜능의 머리를 삭발하고 구족계[정식으로 비구(남자 스님)와 비구니(여자 스님)가 되기 위해 받는 계율]를 주었으나 스승으로 섬기게 되었다.

일반적으로 계를 수여하는 사람이 계를 받는 이의 스승이 된다. 삭발하고 계를 수여한 입장에서 본다면 인종은 혜능의 스승인 셈이다. 그러나 선 수행의 차원에서 보면 혜능은 이미 깨달음을 얻었고 육조의 지위를 물려받았기 때문에 비록 인종 법사가 혜능에게 비구계를 수여하고 정식으로 승려가 되도록 해 주었지만 혜능이 인종의 스승이 된 것은 당연한 일이다. 이렇게 두 사람은 서로가 서로의 스승 노릇을 하며 오랫동안 교류했다.

당시에 인종 법사는 당나라 수도인 장안에서 크게 명성을 떨쳐

670년 중반에는 조정으로부터 초빙을 받은 일도 있었다. 하지만 나중에 혜능이 그랬듯이 인종도 지배 권력 집단의 요구를 받아들이지 않고 오로지 수행과 가르침에만 전념했다. 인종과 혜능은 서로 깊은 인연을 바탕으로 오랫동안 우애를 나누며 서로를 향상시켜 주는 사이였다. 인종과 혜능은 신기하게도 사망한 해 또한 713년으로 같은 해였다.

제 **3** 장
법을 펼치다

제3장_ 법을 펼치다

혜능은 은둔한 지 16년 만에 때가 도래했음을 느끼고 세상에 모습을 드러내 대중들에게 불법을 설파했다.

혜능의 선종은 그의 출생지이자 은둔 지역이었던 남방에서 확산되었기 때문에 남종선이라 불리며 반대로 장안을 중심으로 귀족 사회에서 활약한 신수의 선종은 북종선으로 불린다.

3장에서 혜능은 자신이 주장한 남종선이 북종선과 어떻게 다른지 조목조목 짚어 본 다음에 남종선이 추구하는 수행 방향을 명확히 제시하고 있다.

먼저 선정과 지혜란 무엇이며 그들은 어떤 관계에 있는지 밝힌다. 선정이 등불이라면 지혜는 등불에서 나오는 빛이라 했다. 북종선에서는 선정에 들어야 지혜가 나온다고 하여 정(定)과 혜(慧)를 구분하고 둘 사이에 선후(先後)를 두었지만 혜능은 선정과 지혜는 하나임을 거듭 강조한다.

또 무념, 무상, 무주를 수행의 근본으로 삼도록 당부했다. 어떠한 대상에도 얽매임 없이 자유롭게 생각하며[무념(無念)], 어떤 모양(형상)을 정해 놓고 거기에 집착하지 않으며[무상(無相)], 한 순간도 어떤 경계에 붙잡혀 거기에 머무르지 않기[무주(無住)]를 강조했다.

그리고 참다운 좌선이란 어떤 것인지 정의를 내린다. 진정한 좌선은 몸뚱이를 앉혀 놓는 것이 아니라 번뇌로 가득한 복잡한 마음을 고요하게 앉혀 놓는 것이다. 혜능은 북종선 계열을 미혹된 사람으로 지칭하면서 참된 좌선을 모르고 무조건 오래 앉기를 강조하는 북종선의 수행 방식을 비판했다.

마지막으로 내 안에 있는 세 부처님(삼신불)을 설하고, 누구나 갖춘 청정한 본성에서 피어나는 다섯 가지 향기(오분법신향)와 네 가지 큰 소원(사홍서원), 세 가지 보물(삼보)을 차례로 소개한다.

1. 선정은 등불, 지혜는 그 불빛

선지식들아, 나의 법문[불법을 가르침은 법의 문에 성큼 들어서게 하는 것이기 때문에 법문(法門)이라고 함]은 선정(禪定, 마음을 고요히 가라앉히고 명상함)과 지혜(智慧)를 근본으로 삼고 있다. 미혹(迷惑, 무언가에 마음이 홀려 올바르게 판단하지 못함)된 마음으로 선정과 지혜는 서로 다른 것이라고 말하지 말라. 선정과 지혜는 하나이며 둘이 아니다. 선정은 지혜의 몸(본체)이요, 지혜는 선정의 작용이다. 그러므로 지혜가 나타날 때 선정이 지혜의 한가운데 있으며, 선정이 나타날 때도 지혜가 선정의 한가운데 있다.

선지식들아, 이 말은 선정과 지혜는 언제나 함께 한다는 뜻이다. 먼저 선정을 닦아야 지혜가 우러나온다고 말하거나, 지혜를 갖추어야 선정에 도달한다고 말하지 말라. 도를 배우는 사람이라면 선정과 지혜가 서로 다른 것이라고 여겨서는 결코 안 된다.

만약 선정과 지혜는 서로 다른 것이라고 말한다면 법에 두 가지 모양(형상)이 있다고 말하는 것과 같다. 입으로는 선(善)을 이야기하면서 마음은 선하지 않다면 선정과 지혜가 함께한 것이 아니요, 입과 마음이 모두 선해서 안팎이 하나가 되면 선정과 지혜는 함께한 것이다. 스스로 바르게 깨닫고 수행해 나가야지 입으로 논쟁하려 들면 결코 안 된다. 입으로 논쟁하기를 좋아하고 정과 혜가 어느 것이 먼저인지 선후(先後)를 가리려고 덤비는 사람은 이기고 지는 일을 벗어나지 못한 매우 어리석은 자이며 미혹된 사람이다. 이런 사람은 법에 대한 집착이 강해 네 가지 모양[사상(四相)]에서 벗어나지 못하고 있다.

✢ 네 가지 모양(사상)은 《금강경》에 나오는 내용인데 부처님은 중생이 반드시 네 가지 상을 벗어나야 성불할 수 있다고 했다. 네 가지 상은 아상(我相), 인상(人相), 중생상(衆生相), 수자상(壽者相)을 말하는데 이들은 자기 자신이나 다른 존재에 대해 사람들이 가지는 잘못된 생각을 말한다. 미혹된 중생들은 늘 이 네 가지 모양에 사로잡혀 살고 있다. 사상은 실체가 아니며 자신이 만든 잘못된 견해에 불과하지만 중생들은 그것이 마치 실체인 양 소중하게 끌어안고 매일 살아간다.

혜능은 《금강경》 한 구절을 듣고 단박에 깨달은 수행자답게 《금강경》을 매우 중시했고 나중에 육조대사로 활약하면서 《금강경》을 직접 해설했다. 그 해설은 글로 쓴 것이 아니라 말로써 한 것이고 그 말씀들을 모아 후세에 《금강경육조대사구결》이라는 책이 발간되었다.

그 책에서 혜능은 네 가지 상(모양)에 대해 이렇게 해설하고 있다.

"보통 범부들이 갖는 사상으로, 아상은 어떤 사람이 자신이 가진 재물이나 지식이나 가문(신분) 등을 믿고 다른 사람들을 업신여기는 마음이며, 인상은 어떤 사람이 인의예지신(仁, 義, 禮, 智, 信)을 실천하지만 스스로 뜻이 높다는 자부심 때문에 널리 모든 사람들을 공경하지 않는 마음이다. 중생상은 좋은 일은 자기에게 돌리고 나쁜 일은 남에게 돌리며 남을 탓하는 마음이고, 수자사은 어떤 경계(대상이나 상황)를 만나면 좋고 나쁨을 따져 좋으면 가지고 나쁘면 버리는 마음이다.

수행자들이 갖는 사상으로, 아상은 마음에 주와 객을 나누고 중생(객)을 가볍게 여기는 마음이며, 인상은 자기가 지키는 계(戒)를 믿고 계를 어긴 자들을 업신여기는 마음이며, 중생상은 삼악도(지옥, 아귀, 축생)의 고통을 싫어해 천상 세계에 나가기 바라는 마음이고, 수자상은 목숨이나 지위나 물질이나 오래 누리는 것을 좋아해서 열심히 복을 닦고 집착하는 마음이다."

그러므로 사상이란 '나'와 '너'의 모양 또 '중생'과 '부처'의 모양이 따로 있다고 생각하고 거기에 옳고 그름과 좋고 나쁨을 따져 선택하고 집착하는 마음을 내는 것을 말한다.

중생들이 가지는 네 가지 잘못된 생각이 사상이기 때문에 사상이 있으면 중생이고 사상이 없으면 곧 부처라고 했다. 모든 수행은 이런 잘못된 네 가지 상을 버리고 일체의 존재들을 모두 공경하며 보살의 길을 추구하는 것이다.

일행삼매(一行三昧)란 우리가 일상적인 모든 생활 속에서 항상 흐트러지지 않고 곧은 마음으로 바르게 생각하고 행동하는 것을 말한다.

《유마경(정명경)》에 보면 "곧고 올바른 마음이 곧 도량(道場, 도를 닦는 장소)이며, 정토(淨土, 부처가 사는 깨끗한 나라)다."라는 말이 있다.

순수하고 정직하며 올바른 마음은 도를 배우는 바탕(도량)이며 부처와 보살이 머무는 맑고 깨끗한 나라이다. 사람들에게 아첨이나 떨고 비뚤어지고 왜곡된 마음을 지닌 채 입으로만 올바른 법을 외치면 소용이 없다. 입으로는 일행삼매(一行三昧)를 떠들지만 곧고 바른 마음으로 실천하지 않는다면 부처님의 제자가 될 수 없다. 오직 순수하고 바른 마음으로 행동하여 어떠한 법에도 얽매이지 않고 집착하지 않을 때 일행삼매라고 한다.

✤ 삼매란 오직 하나에 마음이 집중하여 마음이 이리저리 헤매거나 동요하지 않는 상태를 말한다. 일행삼매란 순간순간 모든 움직임이 밝고 고요한 삼매의 경지에서 이루어진다는 뜻이다. 불교에서는 보통 일상적인 생활을 말할 때 행주좌와 어묵동정(行住坐臥 語默動靜, 걸어 다니고 머물고 앉고 눕고 하는 행동들 그리고 말하고 침묵하고 움직이고 가만히 있는 상황들)이라고 한다. 일행삼매는 행주좌와 어묵동정 가운데 어떤 순간에도 곧고 바른 하나의 마음으로 행동하는 것이다.

여기서는 일행삼매만 이야기하지만 다른 판본에는 일행삼매와 더불어 일상 삼매(一相三昧)도 같이 말하고 있다. 일상 삼매는 천지 우주의 모든 존재가 다 하나의 도리(이치)라는 것을 아는 것이다.

다시 말해 천지 만물은 여럿이 아니라 하나의 모습[일상(一相)]이라는 것을 알고 나를 보나 너를 보나, 산을 보나 물을 보나, 미움을 보나 사랑을 보나 모두가 다 있는 그대로 참된 부처의 성품(진여불성)임을 아는 것이다. 즉 일체의 존재가 다 하나의 불성이며 실상(實相)임을 알고 깨닫는 것을 일상 삼매라고 한다.

일행삼매는 일상 삼매를 깨닫고 매 순간 끊임없이 곧고 바른 마음으로 공부해 가는 것을 말한다. 이것이 바로 선정(禪定)과 지혜(智慧)를 아울러서 닦는 것이다.

아무 생각 없이 하루 종일 꼼짝 않고 앉아 있는 것이 일행삼매가 아님을 혜능 대사는 거듭 강조했다. 흔히 좌선이란 가부좌의 자세로 아무 생각 없이 꼼짝 않고 오래 앉아 있는 걸로 생각하기 쉬우나 그것은 영혼이 없는 나무토막이나 돌멩이를 앉혀 놓은 것과 같다고 혜능은 말했다. 그렇게 평생 방석 위에 앉아 있어도 참다운 도(道)에는 절대로 이를 수 없다는 것이다.

그런 태도야말로 마음대로 법이라는 모양[법상(法相)]을 정해 놓고 거기에 자신을 구속시키는 어리석은 짓이다. 참된 수행은 목석처럼 앉아 있는 것이 아니라 마음이 한군데 머물러 집착하지 않고 끊임없이 흐르고 통해야 한다.

《유마경》에는 이를 명쾌하게 지적한 대목이 있다.

사리불이 하루는 숲 속의 한 나무 아래에서 홀로 고요히 좌선하고 있는데 유마 거사가 말했다. "앉아만 있다고 해서 좌선이라고 할 수 없소. 좌선은 그렇게 몸뚱이를 앉혀 놓는 게 아니요."

참된 좌선은 몸뚱이를 앉히는 것이 아니라 마음을 앉히는 것이다. 아무리 오랫동안 앉아 있어도 마음이 복잡하게 좌충우돌하며 여기저기로 마구 떠돌아다닌다면 그것은 진정한 좌선이 아니다. 고요하고 맑은 마음으로 내면이 동요하지 않는 것이 진정한 좌선이다. 좌선이나 선정에 대한 고정 관념을 갖고 고요히 앉아 있기만을 고집한다면 참다운 도의 세계를 열 수 없다. 앉든 서든 움직이든 말하든 언제 어떠한 상황에서도 흔들리지 않는 마음으로 바르게 행동함이 좌선이며 혜능이 말하는 일행삼매다.

하지만 미혹된 사람들은 법의 모양에 얽매이고 일행삼매에 집착한다. 그리하여 앉아서 무조건 움직이지 않고 어떤 마음도 일으키지 않는 것이 일행삼매라고 서슴없이 말한다. 일행삼매가 만약 그런 것이라면 이 법은 무정물(無情物, 감정이 없는 존재)과 같고 영혼이 없는 나무토막이나 돌멩이와 같아 도리어 도를 닦는 데 장애가 될 뿐이다.

도(道)란 반드시 통하고 흘러야 한다. 어찌 한 곳에 정체하여 머무름을 도라 하겠는가. 마음이 어딘가에 머물거나 사로잡히면 거기에 즉시 구속된다. 도란 반드시 펼쳐서 나가야 하는 것이다. 어딘가에 머물면 자승자박(自繩自縛, 자기의 줄로 자기 몸을 옭아 묶는다는 뜻으로 자기가 한 말과 행동 때문에 스스로 올가미에 걸려 곤란을 겪음을 말함)이 된다. 만약 가만히 앉아서 움직이지 않는 것이 바른 수행이라면 사리불이 숲 속에서 조용히 앉아 있을 때 왜 유마힐(유마 거사)이 그를 꾸짖었겠는가?

어떤 이는 "앉아서 마음을 살피고 깨끗함을 관찰하라. 이때 움직이지도 말고 일어나지도 말라."라고 주장한다. 이런 식으로 공부하면 미혹된 사람은 그 말에 집착해 사물의 이치를 분간하지 못하고 전도(顚倒, 현실을 거꾸로 잘못 이해함)되는 경우가 허다하다. 이렇게 도를 가르치면 그것은 아주 잘못된 방향으로 가는 것이다.

선지식들아, 선정과 지혜의 관계는 등불과 그 불빛에 비유할 수 있다. 등불이 있으면 빛이 있고 등불이 없으면 빛이 없으니 등불은 빛의 몸이요, 빛은 등불의 작용이다. 등불과 빛은 비록 이름은 다르지만 원래 둘이 아니니 선정과 지혜의 법도 이와 똑같다.

✤ 먼저 선정과 지혜에 대한 혜능의 생각을 정리해 보자.

수행자는 세 가지 요소인 계(계율), 정(선정), 혜(지혜)를 닦아야 하는데 혜능은 여기서 선정과 지혜에 초점을 맞추어 설법한다.

계(戒)는 수행 계율을 분명히 잘 지키고, 정(定)은 고요히 집중하여 마음의 흔들림을 없애고, 혜(慧)는 지혜를 밝혀 나가는 것이다. 선(禪)은 '생각으로 닦는다'는 뜻인데 생각을 가라앉혀 정신을 고요히 집중시키면 정(定)에 들어가기 때문에 선과 정을 합쳐서 선정(禪定)이라고 부른다. 선정이란 마음이 잘 집중되어 움직이지 않으며 온갖 번뇌와 망상(번잡하고 잘못된 생각)들이 일어났다 사라졌다 하는 상태를 벗어나 맑고 고요한 경지에 이른 것을 말한다.

혜능의 제자 신회가 스승에게 "선정과 지혜는 어느 것을 앞세워야 바른 것입니까?"라고 묻자 "언제나 청정한 마음을 내면 선정 속에 그대로 지혜가 있고 어떤 경우에도 마음을 비우면 지혜 속에 그대로 선정이 있다. 그러므로 선정과 지혜는 동등하며 선후가 따로 없다."라고 답했다.

북종선에서는 선정을 갖추어야 지혜가 나오기 때문에 선정을 먼저 닦아야 그 다음에 지혜가 나타난다고 보고 이들을 선후 관계로 이해했다. 북종선 사람들은 선정의 힘을 갖추기 위해 오랜 좌선 수행을 강조했고 그래야 망념이 사라지고 지혜를 얻어 깨달음에 도달한다고 보았다.

　하지만 혜능은 선정과 지혜는 같은 것이라 하여 정혜 일체를 줄곧 강조했다. 혜능이 설법하면서 미혹된 사람이라고 한 것은 주로 북종선 사람들을 말한다. 망념(妄念, 마음이 여기저기 흘려 다니며 헛되고 잘못된 생각을 함)이 다 끊어져야 진리가 드러난다거나 좌선 수행으로 선정을 이루어야 해탈한다고 본 북종선의 입장은 종래의 대승 불교적 입장이다.

　혜능은 이런 생각을 철저히 반대했다. 끊어 버려야 할 망념이라는 실체가 따로 있는 것이 아니다. 우리 자성의 청정함은 한 번도 때 묻은 적이 없기 때문에 망념을 일으키지만 않으면 그대로 밝고 고요한 부처의 성품이 드러난다. 그러므로 혜능에게 망념과 진리는 둘이 아니며 선정과 지혜도 둘이 아니다.

2. 무념, 무상, 무주

선지식들아, 법에는 단박에 깨닫는 법[돈교법(頓敎法)]과 점차로 깨닫는 법[점교법(漸敎法)]이라는 차별이 없다. 하지만 사람에게는 영리한 사람과 우둔한 사람이라는 차별이 있다.

우둔한 자는 진리에 조금씩 점차 눈을 뜨지만 영리한 자는 한 순간에 단박 깨달음을 얻는다. 자기의 본래 면목을 알면 즉시 청정한 자기의 본성[자성(自性)]을 볼 수 있다. 이것이 견성(見性)이다. 단박에 법을 깨닫고 나면 본래 차별이 없음을 알지만 깨닫지 못하면 길고 긴 세월 동안 윤회할 수밖에 없다.

나의 법문은 예로부터 돈교와 점교를 모두 바로 세워서 무념(無念)을 중심으로, 무상(無相)을 본체로, 무주(無住)를 근본으로 삼는다.

무념, 무상, 무주란 무엇인가?

무념이란 생각이 없는 것이 아니라 매 순간 생각하되 한 생각에도 얽매이지 않는 것이요, 무상이란 만물의 모양을 보되 그 어떤 모양이나 형체에 사로잡히지 않는 것이며, 무주란 어디에도 머무름이 없는 것으로 어떤 것에도 집착해 머무르지 않는 것이다. 다시 말해 생각하는 순간순간 지나간 일들을 의식 속에서 다시 떠올리지 않는 것을 말한다.

그러므로 무념, 무상, 무주는 어떠한 대상에 대해서도 얽매임 없이 자유롭게 생각하며, 어떤 대상에 대해 모양(형상)을 정해 놓고 거기에 집착하지 않으며, 어떤 순간에도 어떠한 대상에 붙잡혀 구속 받지 않음을 말하는 것이다.

하지만 만일 한 생각이라도 끊어지면 법신(진리의 몸)이 육신(물질적인 몸)을 떠난 것이다. 이전의 생각과 지금의 생각 그리고 다음 생각은 서로 서로 이어져 결코 끊이지 않기 때문에 아무 생각도 하지 않고 어떤 생각 도 떠올리지 않는다면 그것은 죽음을 의미한다. 우리의 몸은 단순한 물 질로서의 육체가 아니라 본래 성품이 담긴 법신(法身. 법의 몸)이므로 생각 을 떠난 몸은 곧 법신을 떠난 죽음이다.

그러므로 무념이란 아무 생각도 하지 않는 것이 아니다. 매 순간 생각 생각마다 어디에도 집착하거나 머무름 없이 곧고 바르게 생각하는 것 이다. 한 생각이라도 무언가에 집착하여 머물면 곧 구속 받게 되므로 어 떤 법에도 머무름이 없어야 참된 자유를 누린다. 그러므로 매 순간 바르 게 생각하되 어디에도 머무름이 없는 무주로써 근본을 삼아야 한다.

선지식들아, 무상이란 밖으로 보이는 어떤 모양에도 사로잡히지 않는 것이다. 모양을 떠날 수 있다면 우리의 성품은 본래 청정하다. 그러므로 무상을 기본으로 삼아야 한다.

무념이란 우리에게 다가오는 어떠한 경계(나를 넘어선 외부의 어떤 대상)에 도 물들지 않고 스스로 생각하면서 어떤 법에도 머무르지 않는 것이다. 무념이란 어떤 생각도 하지 않고 생각을 모두 없애는 것이 아니다. 아무 생각도 하지 않으면 의식이 끊어지고 법신이 육신을 떠나므로 죽음을 의미하며 결국 다른 세상에 다시 태어나야 한다.

수행자는 자기의 마음을 잘 써서 법의 참뜻을 알아야 한다. 자신에 게 잘못함을 넘어 다른 사람에게 그런 잘못을 권한다면 있을 수 없는 일 이다. 미혹하여 법의 참뜻을 터득하지 못하고 심지어 부처님의 경전을 비방하는 일까지 있으니 반드시 무념으로써 근본을 삼아야 한다. 인연에 얽매여 미혹함을 벗어나지 못한 사람은 경계를 만날 때마다 온갖 망상을 일으키고 자신의 삿된 견해를 덧붙인다. 모든 번뇌와 망상은 여기서부터 발생한다. 그러므로 나의 가르침은 반드시 무념을 근본으로 삼는다.

무(無)란 무엇이 없다는 것이며, 염(念)이란 무엇을 생각한다는 것인가? 없다는 것은 대립된 두 극단의 어떠한 번뇌에서도 모두 벗어난다는 뜻(나와 남, 선과 악, 옳고 그름, 좋고 싫음과 같은 대립된 극단의 생각을 벗어난다는 뜻)이다. 생각한다는 것은 있는 그대로의[진여(眞如)] 본성을 통찰하는 것이다.

생각을 일으키는 근본은 진여 본성이며, 생각은 진여 본성이 작용하여 일어난 것이다. 있는 그대로의 깨끗한 본성(진여 본성)이 생각을 일으켜 우리는 보고 듣고 느끼고 알게 된다. 하지만 진여 본성은 어떠한 경계에 부딪혀도 거기에 물들지 않으며 항상 청정하고 자유롭다.

진여란 태어나면서 갖추어진 원래 청정한 본성을 말하며 그로부터 모든 생각이 일어나게 된다. 진여 본성이 있기 때문에 생각하는 것이지 감각 기관인 눈, 귀, 코, 입이 우리에게 생각하게 하는 것은 아니다. 그렇기 때문에 진여 본성이 없다면 눈에 보이는 빛이나 귀에 들리는 소리 같은 것은 당장 사라진다.

진여 본성으로 인해 눈, 귀, 코, 혀, 몸, 마음[육근(六根)]의 감각 기관은 보고 듣고 느끼고 아는 작용을 하지만 진여 본성은 어떤 대상에도 물들지 않고 늘 자유자재한 것이다. 《유마경》에서 말하듯이 "밖으로는 어떤 법에 대해서도 분명히 모습을 분별하고 인식하지만 안으로는 근본 뜻이 결코 흔들리지 않는다."라는 것이다.

✤ 예를 들어 금방 세상을 떠난 육신이 있다고 생각해 보자. 그 육신은 아직 몸의 온기도 남아 있고 눈, 코, 귀, 입과 같은 모든 감각

기관이 살아 있을 때 모양 그대로 있다.

하지만 그 육신은 듣지도 보지도 생각하지도 못한다. 진여 본성이 사라졌기 때문이다. 그러므로 우리가 생각하고 느끼며 산다는 것은 육체적인 감각 기관 때문이 아니라 감각 기관을 통해 들어온 정보를 지휘하는 근본 성품이 있기 때문이다. 그렇기 때문에 혜능은 생각의 근본은 진여 본성이며 진여 본성이 작용하기 때문에 생각이 일어난다고 했다.

혜능은 매 순간 나에게 다가오는 어떤 사물이나 사람(경계)에 대해 거기에 맞게 현명하게 대응하되 결코 물들지 말라고 가르친다[응물불염물(應物不染物)]. 무념, 무상, 무주란 어떤 경계가 다가왔을 때 귀 막고 눈 막고 아무 생각 없이 있는 것이 아니라 현명하게 생각하고 적절히 대응하는 것이다. 물들지 않음이란 어떤 경계를 만나면 거기에 흔들리거나 끌려 다니지 않고 자기의 중심을 잡고 적절히 생각하고 행동하는 것이다. 《육조단경》의 사상을 요약하면 무념을 중심으로 삼고, 무상을 몸체로 여기며, 무주를 근본으로 한다고 하겠다.

첫째, 무념이란 생각하지 않지만 생각하는 것이다. 다시 말해 무념은 아무 생각도 하지 않는 것이 아니라 매 순간 생각하되 잘못된 생각을 버리고 바르게 생각하며 그 생각에 구속당하지 않음을 말한다. 그러니 그냥 생각이 없는 무념이 아니라 무념+염(생각)이라고 해야 더 뜻이 분명해진다.

한 생각에 얽매이면 속박 받게 되므로 자유롭지 못하다. 그러나 인간은 한 순간이라도 생각이 끊어지면 즉시 죽음이다. 사람은 태어나서 단 1분 1초도 생각 없이 살 수 없는 존재다. 선한 생각이든 악한 생각이든 혹은 선하지도 악하지도 않은 생각이든 의식, 무의식적으로 끊임없이 생각을 하면서 살아간다. 그러므로 어떤 생각도 하지 않고 생각을 모조리 없애면 그때는 차갑게 굳어 버린 시체가 된다.

"너의 생각이 곧 너"라는 부처님의 말씀처럼 생명은 매 순간 생각하는 존재이기 때문에 한 순간도 생각 없이 살 수는 없다. 단지 생각하되 그 생각에 머물러 집착하지 않는 것이 중요하다. 참선도 아무 생각을 하지 않고 멍하니 앉아 있는 것이 아니라 매 순간 이어지는 생각들을 뛰어넘어 참된 본성을 알아보는 명상이다.

무념에 대해 성철 스님은 '무'란 구름이 걷히는 것이며 '념'이란 해가 환히 비추는 것이라 했다. 구름이 걷히듯 일체 망념이 완전히 사라지면 태양이 환히 비추듯 자기의 밝고 깨끗한 성품인 진여(본성)가 환히 드러난다는 말이다.

둘째, 무상이란 어떤 사물이나 사람을 대할 때 거기에 고정된 모습이 없다는 사실을 철저히 아는 것이다. 모든 사물은 그 조건(인연)이 바뀌면 변화하게 마련이므로 물체가 지금 드러내는 모습을 그 물체가 가진 고유한 모습이라고 착각하면 안 된다.

《금강경》에 "모든 모양[相]이 있는 것은 다 허망하다. 모든 모양은 모양이 아님을 알 때 곧 진리를 볼 수 있다."라고 했다. 지금 우리 눈에 보이는 온갖 형상들은 오직 인연 따라 모였다 흩어졌다 하며 생긴 일시적인 형상일 뿐이다. 인연이나 조건은 늘 바뀌고 그에 따라 사물이나 사람의 모습도 계속 바뀔 수밖에 없다. 이 때문에 겉으로 보이는 모습, 외적인 모양이 그것의 실체라고 보면 미혹된 것이다. 오직 모양을 떠나 변하지 않는 원래 본성을 직시해야 한다. 물이 온도라는 조건(인연)에 따라 얼음이 되거나 수증기로 변해도 여전히 물(본성)이라는 이치를 깨닫는 것과 같다.

셋째, 무주란 마음이 어느 한 곳에 머무르지 않고(집착하지 않고) 자유롭게 흐름을 말한다. 진여 무심은 어디에도 머무르지 않는 마음, 즉 무주심을 말한다. 어디에도 어느 것에도 머무름 없이 마음을 늘 새롭게 내면 어떤 상황이 다가와도 자유자재로 지혜롭게 대응할 수 있다. 혜능이 《금강경》 구절 가운데 '응무소주 이생기심'이라는 대목에서 눈이 환하게 열린 것도 이 무주의 의미를 깨달았기 때문이다.

과거의 마음도, 현재의 마음도, 미래의 마음도 얻을 수 없다고 한 《금강경》의 가르침은 바로 이 무주심을 말한다. 어느 한 곳에 머물러 붙잡을 수 있는 마음이 따로 존재하지 않기 때문에 오직 지금 여기 이 순간에 충실하라는 의미다. 어디에도 얽매이거나 머무르지 않고 그저 흘러가는 대로 지켜보면서 모든 생각들이 바르게 흘러감을 주시하라는 말이다.

3. 좌선

선지식들아, 좌선(坐禪)이란 마음에 집착하는 것도 아니며 청정함에 집착하는 것도 아니다. 또 움직이거나 움직이지 않는 마음을 말하는 것도 아니다. 마음을 본다고 할 때 마음이란 본래 없는 허망한 것이며 허깨비와 같아서 본다고 할 것이 없다. 사람의 성품이란 본래 청정한 것이기 때문에 망상과 번뇌로 뒤덮인 허망한 생각을 버리면 본래 그대로 청정해질 것이다.

그러나 누구나 본래 지니고 있는 청정함을 알지 못하고 청정함을 보려고 애를 쓰거나 청정해지기 위해 마음을 일으키면 도리어 청정함이라는 망상에 사로잡히게 된다. 망상이란 근거가 없다. 청정함을 보려고 애쓰는 것 자체가 허망한 짓이다. 어떤 정해진 청정한 모양이라는 것이 없는데도 청정한 모양이라는 어떤 모양[형상(形相)]을 지어내 수행하는 사람은 자성(自性, 자기의 깨끗한 근원적인 본성)을 막고 청정함에 얽매이고 만다.

만약 마음이 흔들리지 않고 사람들의 허물을 보지 않는다면 자성이 흔들리지 않는 것이다. 그러나 미혹하여 자성을 보지 못하는 사람은 비록 몸은 움직이지 않는다 해도 입만 열면 남의 허물을 보고 옳고 그름을 말하고 좋고 나쁨을 따져 바른 도를 벗어난다. 그러므로 마음을 보겠다거나 청정함을 보려고 한다면 도리어 도를 가로막게 된다.

이제 여러분들에게 다시 말하겠다.

이 법문을 들으면서 어떤 것이 올바른 '좌선'이라고 생각하는가? '좌'란 그냥 앉아 있는 자세가 아니라 어떠한 걸림도 장애도 없이 밖으로 어떤 경계에 처해도 마음이 동요하거나 생각이 복잡하게 일어나지 않음을 말한다. '선'이란 안으로 자기 본성을 바로 봄으로써 마음이 어지럽지 않고 고요하여 흔들리지 않는 것을 말한다.

그러면 '선정(禪定)'이란 어떤 것인가? 밖으로 보이는 일체의 모양(相)을 떠나 거기에 사로잡히지 않음이 선(禪)이요, 안으로 어지럽지 않고 흐트러지지 않음이 정(定)이다. 밖으로 보이는 모양에 사로잡히면 안으로 마음이 금방 흐트러지지만 설혹 밖으로 모양을 본다 해도 안으로 흔들리지 않고 어지럽지 않으면 스스로 청정하여 정(定)에 머물게 된다.

밖으로 어떤 경계에 부딪혀 생각을 일으키면 곧 흐트러지기 쉬운데 어떠한 대상을 보더라도 어지럽지 않으면 그것이 정이다. 밖으로 보이는 모양을 떠나는 것이 선이요, 안으로 어지럽지 않음이 정이니, 밖으로 선(禪)하며 안으로 정(定)함을 '선정(禪定)'이라고 한다. 《유마경》에는 선정이 "즉시 환하게 깨달아 본래 마음을 도로 찾는 것"이라고 했으며 《보살계》에는 "나의 본래 근원인 자성이 청정하다."라고 했다.

선지식이여, 자성이 청정함을 바로 보라. 스스로 닦아 스스로 이루면 법신(진리의 몸)이며 법신 그대로 실천함이 곧 부처행이다. 스스로 실천하여 스스로 성취함이 부처의 도라 할 것이다.

✢ 좌선은 석가모니 부처님 때부터 존재한 불교의 수행법이다. 어떤 사람은 '선'이란 후대에 중국에서 발달한 것이라고 하지만 부처님 당시에 이미 수행은 좌선(坐禪)과 행선(行禪)으로 한다고 경전 곳곳에 기록되어 있다.

행선은 서서 움직이고 돌아다닐 때에도 마음을 바로 잡아 선정을 익히는 것이고 좌선은 가부좌의 자세로 앉아서 선정을 익히는 것이다. 가만히 앉아 있기만 하면 마음이 너무 가라앉고 반대로 움직이기만 하면 마음이 어지러워지기 때문에 앉아서 수행하다가 일어나 걷기도 하고 다시 앉고 하면서 좌선과 행선을 병행하며 수행하라고 부처님께서 일찍이 도를 깨치는 방법으로 알려주셨다.

흔히 선이라고 하면 좌선을 기본으로 생각하지만 가만히 앉아 있는 것이 참된 좌선은 아니다. 혜능은 신수의 북종선이 앉기를 강조하는 데 대해 매우 경계했다. 참된 좌선은 몸을 앉히는 것이 아니라 마음을 조용히 앉히는 것이다. 아무리 오래 앉아 있다 해도 마음이 혼란하고 망상이 가득하면 참된 좌선이 아니며 반대로 아무리 행동하고 여기저기 돌아다녀도 마음이 동요하지 않는다면 그것이 참다운 좌선이다. 즉 생각이 쉬어 버린 무심한 경지에서 온갖 행위를 할 수 있는 것이 좌선이다. 앉는 자세만을 고집하면 좌선 병에 걸린 거나 다름없다.

그러므로 혜능은 무조건 앉아서 수행하려는 사람이 있으면 "앉아 있는 것이 공부라면 누군들 성불하지 않았겠냐."며 몽둥이로 내쫓아 버렸다는 이야기도 있다. 앉지 말라는 뜻이 아니라 앉는 자세에 집착하지 말고 앉든 서든 내면에 동요함이 없이 늘 깨어 있는 마음으로 수행하는 것이 진정한 좌선 수행이라는 말이다.

수행에서 온갖 망상이 들끓는 것을 경계하듯 또 한편 경계할 것이 마음이 흐릿하고 몽롱해지는 혼침(昏沈)이다. 마음이 요동치는 걸 막기 위해 내면의 고요함을 추구하다 보면 자칫 정신이 흐릿해지고 잠이 오는 혼침에 빠질 우려가 있다. 고요함[적적(寂寂)함]은 또렷한[성성(惺惺)함] 정신과 함께 가야 바른 선정이 된다.

그러므로 안으로 고요함이라는 함정에 빠지지 않고 밖으로 번뇌와 망상이 요동치지 않아 정신이 맑고 또렷하면서 동시에 고요하면 그것이 진정한 좌선이다.

참된 좌선이 무엇인지 가르쳐 주는 유명한 일화가 있다.

어느 날 체격도 좋고 잘생긴 어떤 수행자가 숲에 앉아서 열심히 좌선하고 있었다. 옆에 다가가 얼른거려도 꼼짝하지 않자 남악 회양 스님은 그 곁에 기왓장을 가지고 가서 열심히 돌에 갈기 시작했다. 그 수행자는 좌선에 방해도 되고 이상하기도 해서 물었다.

"스님, 그 기왓장은 갈아서 무엇하시렵니까?"

"아, 기왓장을 갈아서 거울을 만들려고 하지."

"기왓장을 갈면 거울이 되겠습니까?"

"그래, 너처럼 그렇게 앉아 있기만 하면 부처가 되겠느냐?"

남악 회양 스님이 다시 물었다.

"우마차가 가지 않을 때 소를 때려야 하느냐, 수레를 때려야 하느냐?"

"……."

"부처를 찾는 데 좌선만 고집하면 설사 만겁이 지나도 깨치지 못한다."

이 수행자가 바로 유명한 마조도일 스님인데 그는 이같이 날카로운 스승의 지적을 듣고 마음을 깨쳐 남악 회양 스님의 수제자가 되었다. 마조도일은 이후 혜능의 법을 만방에 퍼뜨리며 높은 선의 기풍을 날린 큰 선지식이 되었다.

4. 내 안에 있는 세 부처님

선지식들아, 모두 자기의 몸으로 무상계(無相戒, 일체의 모양을 벗어나 수행하도록 가르치는 계율)를 받고 나를 따라 다음과 같이 세 번 부르도록 하라. 모두 자신의 참된 본성에 눈을 뜨고 자기의 삼신불(三身佛)을 보게 될 것이다.

나의 색신[色身(육체)]을 떠나지 않고 늘 거기 계시는
청정 법신불(法身佛)에 귀의합니다.
나의 색신에 계시면서 무수한 모습을 나타내시는
천백억 화신불(化身佛)에 귀의합니다.
나의 색신에 계시면서 지혜와 복덕을 두루 갖추신

원만 보신불(報身佛)에 귀의합니다.

여러분의 색신[色身(육체)]은 우리가 살고 있는 집과 같다. 집에 귀의할 수 없듯이 육체에 귀의한다고 할 수는 없다. 오직 그 색신에 담긴 세 부처님(삼신불)에게 귀의할 따름이다. 법신불, 보신불, 화신불이라는 세 성품의 부처님은 자기의 본성 안에 있으며 세상 사람들은 누구나 다 가지고 있는 것이다.

그러나 사람들은 미혹하여 자성을 보지 못하고 번뇌로 늘 헤매기 때문에 밖으로만 찾아다닐 뿐 자기의 몸 가운데 있는 세 성품의 부처님을 알지 못한다. 이제 여러분들에게 각자 자기의 몸으로부터 진여본성을 보고 그 안에 있는 세 부처님을 깨닫도록 해 주겠다. 세 성품의 부처님은 원래 자기의 청정한 본성으로부터 나오는 것이지 자기 몸 밖의 어딘가에 존재하는 것이 아니다.

✤ 혜능은 《육조단경》을 설법하면서 대중에게 무상계를 주었는데 법회에 모인 많은 중생들이 무상계를 받아 어떤 형상이나 모양에 걸림이 없이 늘 깨어 있는 마음으로 수행에 임할 것을 강조했다. 혜능의 무상계는 북종선의 보살계와 달리 반야 사상에 입각해 계를 내린 것이라고 한다. 북종선이 좌선을 강조하고 선정을 추구하는 데 비해 남종선은 견성을 강조하고 분별과 집착을 벗어난 완전한 지혜의 단계인 반야바라밀로 돌아갈 것을 강조했기 때문이다.

무상계를 내릴 때는 먼저 '5분법신향(계향-계율의 향기, 정향-선정의 향기, 혜향–지혜의 향기, 해탈향–해탈의 향기, 해탈지견향–해탈한 존재임을 아는 향기'을 전한다. 무상계를 수여한 뒤 혜능은 반야바라밀법을 가르쳐 본성은 본래 텅 빈 허공과 같아서 한 번도 얻을 것이 없음을 강조했다.

그래서 혜능의 선을 반야종이라 부르기도 하는데 좌선을 얼마나 오래 하는가보다는 반야(지혜)로 돌아갈 것을 강조하기 때문이다. 우리가 본래 반야의 지혜를 갖추고 있음을 알고 매 순간 바로 반야바라밀을 실천함이 필요하지 오랜 좌선 수행을 통해 반야를 닦아 나가는 것이 아니다. 혜능의 반야바라밀은 어디에도 머무르지 않는 무주심이며 미워하고 좋아하는 애증심과 집착심을 벗어난 자유의 경지를 말한다.

색신이나 법신은 모두 인간의 몸을 말하지만 색신은 우주의 근본 물질인 땅, 물, 불, 바람(공기)과 같은 요소들로 구성된 물질적인 육체를 의미하고, 법신은 청정한 본성이 담긴 정신적인 육체를 의미한다. 혜능은 법신은 색신을 통해 나타나기 때문에 물질적인 것과 정신적인 것이 서로 분리될 수 없음(통일성)을 말했다.

먼저 어떤 것을 청정 법신불이라고 하는가.
세상 사람들의 성품은 누구나 본래 청정하여 만법(모든 진리)이 모두 자기 성품(자성) 안에 갖추어져 있다. 그래서 악을 생각하면 악행을 하고 선을 생각하면 선행을 하게 되어 있다.
이처럼 모든 법은 자성 안에 갖추어져 있고 자성은 늘 청정하다.

마치 하늘은 영원히 맑고 해와 달은 항상 밝지만 구름이 하늘을 덮어 버리면 구름 위는 원래 밝은 그대로 있지만 구름 아래는 빛이 막혀 어두워지는 것과 같다. 그러다 홀연히 지혜의 바람이 불어와 구름을 걷어 버리면 밝은 해가 다시 비쳐 삼라만상이 선명하게 그 모습을 드러내는 것과 같다.

사람들의 자성이 청정함도 밝은 하늘과 같다. 지(智)는 달과 같고 혜(慧)는 해와 같아 지혜는 항상 빛나지만 밖으로 일어나는 현상과 경계에 사로잡혀 망념의 뜬구름이 지혜를 덮어 버리면 어두워져 빛을 잃게 된다. 그러나 훌륭한 선지식이 참된 법문을 열어 미망(迷妄, 어두워 갈피를 잡지 못하고 헤매는 상태)을 물리치면 안팎이 밝아져 자성 안에 있는 만법이 훤히 드러나게 된다.

이렇게 모든 법이 스스로 갖추어져 있으며 원래 밝고 깨끗한 성품을 청정 법신불이라고 한다. 내 육신의 청정 법신불께 귀의한다는 것은 선하지 못한 행동을 없애고 자기 안에 있는 청정 법신불께 돌아가 의지함을 말한다. 질투와 교만, 아집과 경멸, 우월심 같은 모든 선하지 못한 마음과 행동을 버리고 언제나 겸손과 믿음으로써 자성을 바로 보면서 그어떤 것에도 집착하거나 머무르지 않을 때 자성에 귀의하는 것이다.

다음으로 어떤 것을 천백억 화신불이라고 하는가.

생각하고 분별(좋고 나쁨을 따지는 짓)하지 않으면 자성은 텅 비어 있어 고요하지만 분별하고 헤아리기 시작하면 자성은 즉시 변한다. 조금이라도 악한 생각을 하면 자성은 변하여 지옥이 되고 착한 일을 생각하면 즉시 천당으로 변한다. 남을 해치거나 독을 품게 되면 축생(기르는 짐승)으로 변하지만 자비로운 마음을 내면 보살로 변한다. 지혜로움은 윗 세계인 천상계로 변하지만 어리석음은 아래 세계인 지옥, 아귀, 축생으로 변한다.

이렇게 자성은 마음먹기에 따라 여러 방향으로 변하는데 미혹한 사람은 이를 자각하지 못하고 나쁜 마음을 일으켜 나쁜 행동을 하고 결국 나쁜 세계에 빠져든다. 그러나 한 생각을 착한 방향으로 돌리면 즉시 지혜가 밝아지고 바른 방향으로 자성이 드러난다. 자성은 이렇게 마음과 생각에 따라 다양한 모습으로 변하여 나타나는데 이렇게 수없이 다양한 모습으로 나타나는 부처님을 천백억 화신불이라 한다.

마지막으로 어떤 것을 원만 보신불이라고 하는가.

하나의 등불이 천년의 어둠을 밝히고 한 번의 지혜가 만년의 어리석음을 없앤다. 그러므로 지나간 과거를 생각하지 말고 항상 다가오는 미래를 생각하라. 늘 앞날을 떠올리며 한 생각 한 생각을 바르게 또렷이 하면 반드시 자기의 청정한 본성을 깨달을 수 있다. 선과 악이 완전히 다르지만 그 선악을 일으키는 본성에는 선악의 대립이 없다. 이 본성 가운데 있으면서 선악에 결코 물들지 않는 것, 이를 복덕을 두루 갖춘 원만 보신불이라 한다.

한 생각 악하게 먹으면 천년의 선함이 사라지고, 한 생각 선하게 먹으면 천년의 악을 물리치는 인과응보를 얻는다. 그러므로 본래 착한 마음을 잃지 않는 것이 원만 보신이다. 법신을 잃지 않고 상황에 맞게 생각함이 화신이요, 생각마다 착하고 바른 것이 보신이다. 스스로 깨닫고 스스로 수행하면 바로 삼신불에 귀의하는 것이다. 피부와 살은 색신에 불과하며 색신은 집(건물)과 같아서 귀의할 곳이 아니다. 오직 자성에 갖추어져 있는 세 부처님을 깨닫게 되면 자성의 큰 뜻을 알게 될 것이다.

✤ 불교에서 부처님은 법신, 보신, 화신(삼신불)으로 이루어져 있다

고 한다. 깨달음을 얻어 부처님이 되면 지혜는 우주의 법신으로, 영혼은 온갖 공덕을 갖춘 보신으로, 육체는 때와 장소에 맞게 변화한 화신으로 나타난다. 큰 절에 가면 비로자나불, 노사나불, 석가모니불 이렇게 세 부처님을 모신 법당이 있다. 거기서 비로자나 부처님은 법신불, 노사나 부처님은 보신불, 석가모니 부처님은 화신불이다.

법신은 시간과 공간을 초월한 진리의 본체로서의 부처님이며, 보신은 완전한 수행을 통해 지혜와 자비 공덕을 두루 갖춘 부처님이며, 화신은 중생의 수준에 맞게 다양한 모습으로 몸을 바꿔 나타나는 부처님이다. 법신불과 보신불이 눈에 보이지 않는 정신적인 부처님이라면 화신불은 석가모니불처럼 우리 눈에 보이는 이 세상의 부처님이다. 사바세계(인간이 사는 이 세상)에 속하든 정신세계에 속하든 삼신불은 모두 실재하는 부처님이다. 우리가 깨닫고자 하는 청정한 본성이 법신이라면, 공덕을 잘 닦은 정신은 보신이며, 매일 살아가는 육체는 화신이다.

혜능은 깨달음을 이룬 부처님만이 삼신불을 갖춘 것이 아니라 미혹한 중생도 누구나 그 안에 삼신불이 있다고 했다. 미혹한 중생은 아직 부처의 경지에 이르지 못했지만 모두 법신, 보신, 화신을 내면에 본래 갖고 있다. 삼신불은 본래 자성으로부터 생긴다고 하여 자성삼신이라 했다.

석가모니 부처님은 중생을 구제하기 위해 이 세상에 온 것이 아니라 중생이 이미 구제된 부처(자성 삼신불)라는 것을 가르쳐 주기 위해 이 세상에 왔다고 한다. 혜능은 구름에 가려진 해처럼 망념이 지혜를 가리고 있어 본래 갖춘 불성을 보지 못할 뿐 중생은 누구나 이미 부처라는 사실을 잊지 말아야 한다고 가르쳤다.

5. 다섯 향기, 네 서원, 세 보물

　여러분들이 이 자리에 함께 한 것은 모두 부처님의 인연이 있었기 때문이다. 이제 각자의 본성에 갖추고 있는 다섯 가지 법신향(청정 법신으로부터 뿜어져 나오는 향기)을 말하겠다. 다섯 향기란 계, 정, 혜, 해탈, 해탈지견(해탈을 증명하거나 느끼는 자각)에서 뿜어 나오는 향기를 말한다.

　첫째, 계향(戒香)은 모든 거짓된 모습과 악행을 제거하고 계율을 바로 지켜 탐욕이나 어리석음을 벗어난 향기며 둘째, 정향(定香)은 어떤 대상이나 경계에 부딪히더라도 마음이 흐트러지지 않는 집중과 고요함에서 오는 향기며 셋째, 혜향(慧香)은 마음에 장애가 없고 지혜로써 본성을 보아 몸과 마음을 항상 안으로 관찰하면서 뿜어져 나오는 향기다. 넷째, 해탈향(解脫香)은 마음이 대상에 끌려 다니거나 얽매이지 않고 선도 악도 생각하지 않고 아무런 장애 없이 자유로움(해탈)에서 오는 향기며 다섯째, 해탈지견향(解脫知見香)은 스스로 해탈했을 뿐 아니라 일체 중생도 속박이 없이 자유로운 존재임을 명확히 깨닫고 아는 지견(知見)의 향기다.

연꽃이 있는 곳에 향기가 피어나듯 천상이든 지상이든 어디에서나 이 다섯 향기가 청정 법신으로부터 피어나도록 해야 한다.

이제까지 여러분과 함께 각자 자기의 삼신불에 귀의했고 다섯 가지 법신향도 밝혔으니 다음은 네 가지 넓고 큰 소원(사홍서원)을 부르기로 하자. 모두 함께 나를 따라 세 번 부르도록 하라.

끝없이 많은 중생들을 다 구제하기 바랍니다.
중생무변 서원도(衆生無邊 誓願度)

끝없이 깊은 번뇌를 다 끊어 버리기 바랍니다.
번뇌무진 서원단(煩惱無盡 誓願斷)

끝없이 많은 부처님의 법을 다 배우기 바랍니다.
법문무량 서원학(法門無量 誓願學)

더없이 높은 부처님의 도를 끝내 이루기 바랍니다.
불도무상 서원성(佛道無上 誓願成)

끝없이 많은 중생들을 다 제도(濟度, 고통 받는 중생을 구제하여 깨달음의 저 언덕으로 이끌어감)한다는 것은 나 혜능이 중생들을 모두 제도한다는 뜻이 아니다. 마음속의 중생들을 각자 자성에 의해 스스로 제도한다는 뜻이다.

자기 스스로 제도함이란 어떤 것인가?

그것은 자기 마음에서 일어나는 삿된(잘못된) 생각이나 번뇌와 어리석음을 버리고 바른 생각[정견(正見)]으로 자신을 스스로 구제함을 말한다. 누구에게나 반야의 지혜가 이미 갖추어져 있기 때문에 이를 깨달아 어리석음과 헤맴을 없애면 각자 스스로 제도한 것이다. 삿됨은 올바름으로 구제하고, 미혹함은 깨달음으로 구제하고, 어리석음은 지혜로 구제하며, 악은 선으로 구제하고, 번뇌는 보리(지혜)로 구제하니 이렇게 스스로 잘못을 고쳐 구제함이 참다운 제도(濟度)다.

끝없는 번뇌를 다 끊겠다는 서원은 청정한 본성으로 거짓되고 헤매는 마음을 모조리 떨쳐 버리겠다는 맹세며, 끝없이 많은 법문을 다 배우겠다는 서원은 언제나 밝은 지혜로써 부처님의 한량없는 가르침을 모두 배우고 실천하겠다는 맹세며, 가장 높은 부처님의 도를 이룬다는 서원은 단박에 자기 본성을 보고 부처의 깨달음을 성취하겠다는 맹세다. 늘 겸손하게 마음을 낮추어 모든 것을 공경하며 어리석은 집착을 버리고 열심히 수행하면 맹세코 네 가지 서원의 힘을 발휘하게 될 것이다.

이제 사홍서원을 세웠으니 여러분들에게 무상참회(無相懺悔, 모양에 얽매이지 않고 집착을 벗어나 근원적으로 참회함)를 가르쳐 과거, 현재, 미래[삼세(三世)]의 죄를 소멸시키고 몸과 말과 마음에 청정함이 깃들도록 하겠다.

선지식들아, 과거, 현재, 미래의 생각이 매 순간 어리석지 않고 헤매지 않으며 지난날의 잘못을 단박에 그리고 영원히 끊어 버리면 그것이 진정한 참회다. 과거의 생각과 현재의 생각과 미래의 생각이 모두 어리석음에 물들지 않고 교만하지 않으며 남을 속이려는 마음이 없도록 하라. 자신이 저지른 잘못들을 한꺼번에 소멸하고 영영 다시 일어나지 않게 함이 진정한 자성의 참회다. 과거, 현재, 미래의 생각이 순간순간 질투에 물들지 않아서 지난날의 질투심을 모조리 없애 버리면 이것이 무상참회다.

참(懺)이란 잘못을 뉘우치고 절대로 그런 잘못을 되풀이하지 않는 것이요, 회(悔)란 과거의 잘못을 똑바로 아는 것이다. 나쁜 죄업을 버리지 않으면 아무리 부처님 앞에서 수백 번 다짐해도 소용이 없으니 모든 죄업을 끊고 다시는 죄를 짓지 않음이 진정한 참회다.

이제 참회를 마쳤으니 열심히 수행하는 선지식들을 위해 궁극적으로 귀의(돌아가 의지함)해야 할 세 가지 계율[삼귀의계(三歸依戒, 불·법·승 삼보에 귀의함)]을 내리겠다.

깨달음의 양족존께 귀의합니다.
귀의각 양족존(歸依覺 兩足尊)

올바름의 이욕존께 귀의합니다.
귀의정 이욕존(歸依正 離欲尊)

청정함의 중중존께 귀의합니다.
귀의정 중중존(歸依淨 衆中尊)

이제부터 부처님을 스승으로 삼아 다시는 사악하고 미혹한 외도(外道, 불교가 아닌 다른 종교의 가르침)에 귀의하지 말고 자기 본성에 간직된 삼보[三寶, 부처님(佛)·진리(法)·수행자(僧)]에 귀의할 것을 스스로 맹세하라.

다시 한 번 자성의 삼보에 귀의하기를 권한다. 불·법·승 삼보란 부처[불보(佛寶)], 부처의 가르침[법보(法寶)], 그 가르침을 따르는 수행자 집단[승보(僧寶)]을 말한다. '불'이란 부처이자 깨달음이며, '법'이란 올바름과 정의이며, '승'이란 맑고 청정함을 뜻한다.

양족존(兩足尊)은 깨달음에 귀의하여 미혹된 마음이 일어나지 않고 만족할 줄 알며 재물욕이나 색욕을 벗어난 존귀한 존재를 말한다.

이욕존(離欲尊)은 정의와 올바름에 귀의하여 한 생각도 그릇됨이 없고 애착이 없으며 욕망을 떠난 존귀한 존재다.

중중존(衆中尊)은 청정함에 귀의하여 자성에 번뇌와 망념이 비록 남아 있더라도 거기에 물들지 않는, 대중 가운데 가장 존귀한 존재이다.

이런 덕행을 실천하는 것이 바로 자성의 삼보에 귀의하는 것이다.

사람들은 이런 의미도 모른 채 날마다 삼귀의계를 받곤 한다. 하지만 부처에게 귀의한다고 말하면서 부처가 어디에 있는지도 모르고 부처를 보지도 못한다면 도대체 어디에 귀의한다는 말인가. 그러므로 스스로 관찰하여 삿된 생각을 바로 잡아야 한다.

경전에는 분명히 '오직 자성(스스로)의 부처님께 귀의한다.'라고 했으며 '다른 외부의 부처에게 귀의한다.'라고 가르치지 않았다. 자성 가운데 있는 부처에게 귀의하지 않으면 아무데도 돌아가 의지할 데가 없음을 분명히 알아야 한다. 이제 스스로 깨달아 자기 마음의 삼보에 귀의하라.

✤ 법신은 스스로 향기를 뿜는다. 혜능은 자성에서 풍겨 나오는 다섯 가지 법신향을 알려 주면서 사람의 본성은 원래부터 이 다섯 향기와 덕성이 갖추어져 있다고 했다.

계향은 계율을 지켜 악행을 끊고 선행을 닦는 것, 정향은 선정에 들어 마음에 흐트러짐이 없는 것, 혜향은 지혜로써 몸과 마음을 관찰하고 지키는 것, 해탈향은 해탈심으로 어리석음을 끊고 속박을 벗어나는 것, 해탈지견향은 너와 나는 모두 속박이 없이 원래 해탈한 존재임을 알아차리는 것이다.

사홍서원은 종교적으로 세운 네 가지 위대한 맹세를 말한다. 이 네 가지 맹세는 어쩌면 불가능한 목표일지 모른다. 끝도 없이 많은 어리석은 중생을 언제 다 구제할 것인가, 아무리 없애려 해도 또 다시 일어나는 수많은 번뇌를 어찌 다 끊겠는가, 배워도 배워도 끝이 없는 수많은 법문을 어떻게 다 배울 것인가. 이루 헤아릴 수 없이 높은 부처님의 법에는 언제 어떻게 도달할 것인가?

사홍서원은 참으로 어렵고도 위대한 소원이다. 하지만 어떤 어려움이 있다 해도 모두 이겨 내기를 맹세하기 때문에 더 위대한 맹세가 된다. 쉽게 이룰 수 없는 맹세를 향해 매 순간 갈고 닦음이 참다운 수행임을 말해 주고 있다.

삼귀의 계율은 자기 본성 가운데 불(깨달음), 법(올바름), 승(청정함)이 간직돼 있음을 자각하고 거기에 스스로 귀의함을 말한다. 나에게 갖추어진 자성 삼보를 알아보고 거기로 돌아감이 참된 귀의라는 것이다.

《육조단경》에서 혜능이 줄곧 주장하는 것은 도가 높은 스님이나 부처님께서 우리를 구제하는 것이 아니라 자성에 의해 스스로 구제해야 한다는 것이다.

어떤 초월적인 신이 나약하고 불쌍한 인간을 구제해 주는 것이 아니다. 스스로 자기 본성에 부여된 능력에 의해 마음속 중생을 구제하고 부처의 깨달음에 이르는 것이다. 마음속 중생이란 욕심과 성냄과 어리석음에 물든 중생의 마음이다. 비뚤어진 마음은 바로잡고, 어리석음은 지혜로, 악은 선으로, 번뇌는 보리로 바꾸어 스스로 부처가 되도록 노력해야 한다.

그러면 사홍서원에서 중생을 다 구제하겠다는 서원은 스스로 성불을 이룬다는 말과 모순되는 것은 아닐까. 사홍서원에서 중생 구제란 타력 구제(다른 사람의 힘에 의한 구제)의 뜻이 아니다. 스스로 이 언덕에서 해탈의 저 언덕으로 건너갈 수 있도록 방법을 가르쳐 주고 도와준다는 의미다. 해탈은 어떤 절대자의 힘에 의해 이루어지는 것이 아니다. 누구나 저 언덕으로 건너갈 수 있는 능력을 타고났기 때문에 부처님께서는 뗏목을 만들어 건너가기 쉽게 도와줄 뿐이다. 자신을 스스로 구제할 수 있다는 점이 절대자에게 의존하는 다른 종교와 확실히 구분되는 불교 사상의 진수라 하겠다.

마하반야바라밀을 가르치다

제 4 장 _ 마하반야바라밀을 가르치다

대범사에서 시작된 혜능의 설법은 4장에서도 이어진다. 돈오법과 반야 사상은 혜능선을 일으켜 세우는 두 개의 기둥이라 할 수 있다. 4장에서는 이렇게 남종선의 핵을 이루는 반야바라밀법과 돈오법을 역설하고 이를 바르게 실천하기 위해 《금강경》 수지독송(受持讀誦, 늘 지니고 다니며 읽고 암송함)을 권하고 있다.

먼저 혜능은 자신이 가장 중시하는 마하반야바라밀법을 가르친다. '마하반야바라밀'이란 '높고 위대한 지혜로 깨달음의 저 언덕에 도달한다.'라는 뜻이다. 혜능의 선종을 반야종이라 부를 만큼 혜능선에서 반야 사상은 중요하다. 마하반야바라밀의 가르침은 가장 높고 가장 귀하며 가장 으뜸이라고 그는 힘주어 말한다. 반야의 지혜는 누구나 평등하게 갖고 있지만 많은 중생들이 미혹한 마음으로 바깥에서 부처를 구하기 때문에 자기 본성에 갖춘 반야의 지혜(불성)를 보지 못할 뿐이다.

깊은 진리의 세계에 들어가 흔들리지 않는 마음으로 반야 삼매(지혜의 삼매경)에 들기를 바란다면 《금강반야바라밀경》을 읽으라고 혜능은 강력하게 권한다. 《금강경》을 수지독송하여 홀연히 본성(불성)을 보면 반야 삼매에 들 수 있다고 했다. 혜능 스스로 《금강경》 한 구절로 출가의 인연을 지었듯이 《금강경》을 읽는 수행자의 공덕은 이루 헤아릴 수 없이 크고 높다고 말한다.

돈오법이란 당장 이 자리에서 바로 깨달음에 도달하는 것이다. 깨달음(열반)이란 좌선이나 고행을 통해서 오래도록 차츰차츰 닦아가는 것이 아니라 했다. 지금 여기에서 자성을 바로 보고 반야행을 실천하면 심봉사가 단박에 눈을 떴듯이, 매미가 허물을 벗고 단번에 날아가듯이 캄캄했던 무명(無明)의 세계를 한순간에 벗어나 광명의 세계가 열린다는 것이다.

한편 오늘날에도 널리 알려진 '달마와 양무제의 대화'는 혜능의 속 시원한 풀이로 여전히 헷갈리는 사람들에게 명쾌한 답을 준다. 양무제가 한평생 절을 짓고 크게 보시했지만 달마는 "전혀 공덕이 없다."라고 했다. 그 이유는? 결론은 공덕과 복덕을 혼동하지 말라는 것이다. 공덕은 자기 마음으로 지어나가는 것이기 때문에 물질로 짓는 복덕과는 분명히 다르다고 했다.

마지막으로 '세속에 살면서 어떻게 수행할 수 있는가?'라는 위사군의 질문에 혜능은 무상송을 지어 화답한다. "법이란 원래 세간에 있으니 세간 속에서 세간을 벗어남[출세간(出世間)]"이 세속의 사람들이 갈 길이라고 했다. 오직 자기 마음을 청정하게 유지하면 절에 있든 속세에 있든 그대로 서방 정토에 머무는 것이다. 원래 서방 정토는 중국에서 서쪽으로 10만억 국토 저쪽에 있는 세계라고 했지만 혜능은 서방 정토가 공간이나 거리의 문제가 아니라 마음의 문제라고 분명하게 정리했다.

1. 마하반야바라밀

마침내 삼보에 귀의하여 모두들 지극한 마음을 냈으니 이제 여러분을 위하여 마하반야바라밀법을 설하겠다. 사람들은 밤낮으로 소리 높여 '마하반야바라밀'을 부르고 생각하지만 그 의미를 제대로 알지 못하니 이제 분명히 들으라.

마하반야바라밀이란 서쪽 나라(인도)의 범어로 우리말로 풀이하면 '위대한 지혜로 깨달음의 저 언덕에 도달한다.'는 뜻이다. 이 법은 반드시 실천해야지 입으로 부르기만 해서는 안 된다. 입으로만 외우고 마음으로 바르게 실천 수행하지 않으면 꼭두각시나 허깨비와 같아 진실함이 없고 번개나 이슬처럼 덧없는 짓이 되고 만다. 입으로 부르면서 마음으로 깊이 수행해야만 마음과 소리가 일치되어 참된 수행이 된다. 이렇게 갈고 닦고 실천하는 사람이야말로 참다운 법신이며 부처라 할 수 있다.

먼저 '마하'란 무엇인가?

마하는 크다는 뜻이다. 우리 마음은 끝없이 넓고 광대해서 마치 허공과 같다. 둥글거나 모남이 없고, 크고 작음도 없으며, 푸르거나 누른 빛깔이 있는 것도 아니고, 선도 악도 없으며, 시작도 종말도 없는 것이 우리 마음이다. 수많은 부처님이 계시는 나라는 하나같이 이런 허공과 같다. 사람들의 본성은 원래 허공과 같아 비어 있으며 잡히는 것이 없다.

그러나 자성이 본래 텅 빈 허공과 같다고 해서 당장 공(空)에 사로잡히면 곤란하다. 모든 것이 공이라 여기고 아무 생각 없이 고요히 앉아 있기만 한다면 무기공(無記空, 선도 악도 아닌 멍한 무의식 상태)에 떨어져 버린다. 무기공은 정신이 또렷하지 못하고 고요함에만 빠져 혼미하므로 올바른 수행이라 할 수 없다.

우주는 만물을 포용한다. 태양과 달과 별, 산과 강과 바다와 초목들, 악인과 선인, 선법과 악법, 천상계와 지옥계, 수미산 같은 크고 높은 산, 이런 우주 만물은 모두 허공 속에 존재한다. 사람의 본성도 이와 같다.

사람의 본성도 허공과 같아 모든 것(만법)을 포용할 수 있다. 이 때문에 자성은 더욱 위대하다. 일체의 존재는 모두 자기의 본성 가운데 있다. 일체 만법이 모두 자성이다. 사람이나 사람 아닌 것을 만나도, 선이나 악을 만나도 자성은 결코 거기에 물들지 않고 취하지도 버리지도 않는다. 어디에도 집착하지 않고 마음이 허공처럼 빌 때 그것을 참으로 위대하다고 하며 '마하'라고 부른다.

미혹된 사람은 입으로만 부르지만 지혜로운 사람은 마음으로 실천한다. 미혹되어 헤매는 사람은 아무 생각 없이 그저 고요히 앉아 있을 뿐이다. 그렇게 생각 없이 앉아 있는 것을 위대한 것으로 여기지만 그것은 옳지 않은 일이다.

마음은 한없이 광대해 온 우주에 널리 퍼져 있다. 삼라만상이 자기와 하나며 자신이 곧 삼라만상과 하나로 작용한다. 가든 오든 언제나 자유로우며 어떤 막힘이나 장애도 없다. 그러나 마음이 아무리 한량없이 크고 넓다 해도 수행하지 않으면 작아지고 만다. 입으로는 아무리 공(空)을 말해도 마음으로 실천하지 않으면 나의 가르침을 제대로 알 수 없고 나의 제자라고 할 수 없다.

그러면 '반야'는 무엇인가?

반야는 지혜다. 언제 어디서나 한 생각도 어리석지 않고 항상 반짝이는 지혜를 발휘하는 것이 반야를 실천함(반야행)이다. 한 생각이라도 소홀히 하면 반야는 끊어지고 한 생각 한 생각을 지혜롭게 움직이면 반야가 생긴다. 사람들은 입으로는 반야를 말해도 마음은 여전히 어리석어 참다운 반야와 공을 모른다. 반야는 정해진 모양이 없으며 지혜로운 성품이 바로 반야다.

그러면 어떤 것이 '바라밀'인가?

바라밀은 인도 범어로 '저 언덕에 도달한다'는 뜻이다. 그 뜻을 알면 생사의 헤맴에서 벗어날 수 있다. 사람이나 사물이나 어떤 대상을 대할 때 거기에 집착하고 경계에 얽매이면 생사의 출렁임을 벗어날 수 없다. 마치 물결이 치는 것 같아서 늘 쉬지 않고 번뇌가 출렁이는 것이 이 언덕(이 세상)의 모습이다.

하지만 어떤 경계가 다가와도 흔들리지 않고 대상에 대한 얽매임을 벗어나면 생사의 번뇌가 사라진다. 마치 물이 쉬지 않고 조용히 흘러가 결국 깨달음의 저 언덕에 도달하는 것과 같다. 마침내 저 언덕에 도달해 바라밀[도피안(到彼岸)]을 이루게 된다.

다시 말하지만 미혹한 사람은 입으로 부르고, 지혜로운 사람은 마음으로 행한다. 생각할 때 망상이 생기면 그저 망상일 뿐 참된 법이 아니다. 생각하면서 동시에 마음으로 실천 수행하면 그것이 참된 법이다. 이런 법을 깨달은 사람은 반야의 가르침을 분명히 알고 반야행을 실천한다. 실천하지 않으면 보통의 범부와 다를 바 없지만 한 생각이라도 바르게 실천하면 부처와 같다.

그러므로 선지식들아, 범부가 부처요, 번뇌가 보리(깨달음)임을 잊지 말라. 앞생각에 붙잡혀 미혹하면 범부지만 뒷생각에 눈을 떠 바로 깨달으면 즉시 부처다. 앞의 한 생각이 무언가에 사로잡히면 그대로 마음이 헤매지만 뒤의 한 생각이 경계를 벗어나 자유로우면 그대로 즉시 깨달음이다.

선지식들아, 마하반야바라밀의 가르침은 가장 높고 가장 귀하며 가장 으뜸이라 머무름도 없고 가고 오는 일도 없지만 과거·현재·미래의 모든 부처님은 이 가운데 나타나신다. 위대한 지혜로 오온[五蘊, '색(色)' '수(受)' '상(想)' '행(行)' '식(識)']에서 일어나는 번뇌와 고통을 타파하고 저 언덕에 도달하면 가장 귀한 최상의 깨달음을 이룬 것이다. 이같이 가장 높은 최상승법을 믿고 열심히 수행하면 반드시 성불한다.

그리하여 오고 가는 일도 없고 어딘가에 머무름도 없이 오직 선정과 지혜를 함께 발휘하면 어떠한 법에도 물들지 않는다. 삼세의 모든 부처님은 이러한 최상승법을 수행하여 삼독(三毒, 독이 되는 세 가지 나쁜 마음으로 욕심·성냄·어리석음을 뜻함)을 삼학(三學, 배우고 닦아야 할 세 가지 요소로 계율·선정·지혜를 뜻함)으로 변화시킨다.

✤ 혜능 사상에서 반야바라밀은 아주 중요하다. 반야는 지혜로운 마음이다. 혜능의 선종을 반야종이라 부를 만큼 그의 반야 사상은 중요하다.

혜능이 처음에 《금강경》의 '응무소주 이생기심(어딘가에 머물러 좋고 싫어하는 마음을 내지 않고 늘 새롭게 마음을 냄)' 구절에서 깨달음을 얻었듯이 마음을 한 곳에 머무르지 않고 늘 새롭게 마음을 내면 항상 반야의 지혜가 빛난다. 혜능은 좌선에 집착하는 태도를 경계하고 일상생활 속에서 맑고 깨끗한 본성을 떠나지 않고 매 순간 반야의 지혜를 발휘해야 성불할 수 있다고 했다.

우리가 살고 있는 이 언덕은 태어나고 죽는 경계 가운데 있기 때문에 늘 번뇌가 파도처럼 들끓어 참된 안락을 누릴 수 없다. 그러나 반야의 지혜로 저 언덕에 이르면 생사를 벗어나 번뇌의 파도가 일지 않고 모든 일들이 물처럼 자연스럽게 흘러 참된 평화와 자유에 도달하게 된다.

사람들이 자유롭지 못하고 속박 받는 이유는 외부적으로는 사람이나 사물과의 관계에 집착하여 다툼과 얽매임이 일어나기 때문이며 내부적으로는 자신의 생각이나 느낌으로부터 구속 받기 때문이다. 그러므로 외부 경계의 무상함뿐 아니라 자기 오온[색(色), 수(受), 상(想), 행(行), 식(識)]의 무상함을 확실히 알고 외면과 내면의 집착과 구속으로부터 모두 벗어나야 진정한 자유를 누릴 수 있다.

2. 금강반야바라밀경

선지식들아, 나의 법문은 팔만 사천 가지 지혜를 추구한다. 왜냐하면 속세에는 팔만 사천 가지 번뇌가 있기 때문이다. 만약 속세의 번뇌가 없다면 반야의 지혜는 우리 곁에 항상 있으며 우리의 본성에서 떠나지 않을 것이다.

이 가르침을 확실히 아는 사람은 어떤 생각에도 사로잡히지 않고 무념이 되며 지나간 기억이나 집착이 없어서 거짓되고 허망한 마음을 일으키지 않는다. 이것이 진여의 성품이다. 매 순간 지혜로써 보고 비추며 어떠한 법도 취하거나 버리지 않으니 끝내 자성을 보아 불도를 이룰 것이다.

깊은 진리의 세계에 들어가 흔들리지 않는 마음으로 지혜의 삼매(반야 삼매. 삼매는 잡념이 없는 가장 맑고 고요한 정신 집중)에 들기를 바란다면《금강반야바라밀경》(이하 '금강경')을 지니고 읽어야 한다. 《금강경》을 지니고 읽는 수행을 통해 홀연히 자성을 보아 반야 삼매에 들게 된다. 반야행을 실천하면서《금강경》을 지니고 읽는 수행자의 공덕은 이루 헤아릴 수 없이 높다. 그 가치에 대해서는 이미《금강경》에서 거듭 찬탄했고 여기서 일일이 다 설명하기는 어렵다.

《금강경》은 가장 뛰어난 가르침이며(최상승법), 위대한 지혜를 갖춘 사람이나 근기(根基. 사람이 타고난 근본 품성으로 근기가 높은 사람은 수행 능력이 탁월해 다른 사람들보다 빨리 단박에 깨달음을 이룬다고 함)가 높은 자들을 위한 가르침이다.

만약 근기가 낮고 지혜가 부족한 사람이《금강경》의 가르침을 들으면 도무지 믿음이 생기지 않고 이해하기 어렵다. 왜 그런가? 비유하자면《금강경》의 가르침은 큰 용이 지상에 엄청난 비를 내리는 것과 같다. 염부제에 비가 많이 내리면 모조리 다 떠내려가 풀 잎사귀가 물 위에 둥둥 뜨는 꼴이 되지만, 큰 바다에 비가 내리면 아무리 비가 많이 와도 바닷물이 불거나 줄지 않는 이치와 같다.

✢ 고대 인도인이 상상한 세계는 중앙에 수미산(須彌山)이 솟아 있고, 이를 둘러싼 큰 바다에는 네 개의 섬이 있다. 그 중 남쪽에 있는 섬이 염부제(閻浮提)인데 여기에 인간들이 살고 있다. 그래서 염부제

는 인간이 살고 있는 세상을 말한다.

《금강경》의 가르침이 큰 비처럼 쏟아지면 지혜로운 자는 내용을 바로 알고 깨달아 거기에 휩쓸리지 않는다. 마치 큰 바다에 비가 아무리 많이 내려도 물이 줄거나 늘지 않는 것과 같다. 하지만 어리석은 자는 《금강경》을 믿지도 이해하지도 못해 마치 풀 잎사귀가 홍수에 무력하게 휩쓸려 가듯 그 심오한 가르침을 이해하지 못하고 휩쓸려 간다는 말이다.

지혜를 갖춘 인물은 《금강경》 구절을 들으면 마음의 눈이 열려 깨닫게 된다. 우리의 본래 성품이 반야의 지혜를 지니고 있기 때문에 그 지혜로 비추어 사물의 도리를 알아내면 굳이 문자를 빌릴 필요가 없다.

다시 비유하자면 비는 하늘에서 내린 것이 아니라 원래 용왕이 강과 바다에서 물을 끌어와 모든 중생과 초목들, 유생물과 무생물들에게 빠짐없이 골고루 뿌려 준 것이다. 그 물은 여러 갈래로 나뉘어 다시 바다로 들어간다. 하늘의 비와 바다의 물이 하나로 합쳐지듯 중생의 본래 성품(반야의 지혜)도 하늘의 비(《금강경》의 가르침)를 만나 하나로 합쳐진다.

근기가 높은 사람은 《금강경》을 듣고 단박에 깨달음을 얻지만 근기가 낮은 사람은 마치 뿌리가 약한 초목이 큰 비를 맞고 쓰러지듯 《금강경》의 가르침을 듣고 더 이상 자라지 못한다. 반야의 지혜는 근기가 높은 사람이나 낮은 사람이나 모두 차별 없이 갖추고 있지만 어찌하여 이들은 이 가르침을 듣고 깨치지 못하는가?

잘못된 생각이 그만큼 무겁게 장애를 드리우고 있기 때문이며 번뇌의 뿌리가 그만큼 깊기 때문이다. 마치 거대한 먹구름이 밝은 해를 덮어 버려 바람이 많이 불어와 구름을 물리치지 않으면 빛을 비추지 못하는 것과 같다. 반야의 지혜는 누구나 본래 갖추고 있다. 반야의 지혜는 크고 작음이 없이 누구나 평등하게 갖고 있지만 많은 중생들이 미혹한 마음으로 바깥에서 부처를 구하기 때문에 자기 본성에 갖춘 불성을 보지 못하는 것이다.

3. 돈오, 단박에 깨닫는 법

그러나 아무리 근기가 낮은 사람이라도 오직 자기 마음으로 자기의 본성에 의해 바른 견해를 일으키면 어떠한 번뇌나 장애도 떨치고 당장 깨달음에 도달할 수 있다. 단박에 깨닫는 법을 듣고 밖으로 구하는 마음을 버리면 근기가 낮은 사람도 즉시 자기 본성을 알아보고 깨닫게 될 것이다. 마음속으로 언제나 바른 지혜를 품고 있다면 헤맴이나 번뇌는 결코 장애가 될 수 없다. 마치 큰 바다가 어디서 흘러온 물이든 모두 다 받아들이고 작은 물과 큰 물이 합쳐서 마침내 큰 바다를 이루는 것과 같다.

자기의 본래 성품을 바로 보면 안과 밖 어디에도 머무르지 않고 오고 감에 자유로우며 어떤 것에도 집착하지 않고 자유자재하게 된다. 이런 반야행을 마음으로 깊이 실천하면 《금강경》의 가르침대로 본래 차별이 없는 깨달음의 경지에 이르게 된다.

경전이나 문헌 그리고 십이부 경전(대승과 소승의 경전들을 형식에 따라 12가지 종류로 나눈 것)은 모두 사람에 의해 만들어졌으며 지혜의 성품에 의해 만들어졌다. 만약 '나'라는 인간이 없다면 지혜로운 인간도 없고 일체의 법도 생길 수 없다. 만법이 모두 사람에 의해 생겼으며 경전에 대한 설법도 사람에 의해 이루어진다.

그런데 사람 가운데는 어리석은 자도 있고 지혜로운 자도 있다. 어리석은 자는 못난 사람이 되고 지혜로운 자는 훌륭한 사람이 된다. 어리석은 자는 지혜로운 자에게 길을 묻고 지혜로운 자는 어리석은 자를 가르쳐서 그들이 마음을 열고 깨달을 수 있도록 해야 한다. 어리석은 자가 문득 깨달아 마음을 열면 큰 지혜를 갖춘 사람과 아무런 차별이 없다.

그러므로 반드시 이 점을 명심하라.

깨닫지 못하면 부처가 중생이요, 한 생각 깨달으면 중생이 바로 부처다. 결국 만법이 모두 자기의 몸과 마음 가운데 있음을 알아야 한다. 그런데 사람들은 어찌하여 자기의 참마음을 보고 원래 지닌 진여 본성을 단박에 드러내지 못하는가?

《보살계경(범망경)》에 "나의 본래 근원인 자성이 청정하다."라고 했다. 마음을 깨달아 자성을 본다면 스스로 단박에 깨달음을 성취할 것이다. 당장에 툭 트이듯이 활연히 깨달아 자성을 찾아야 한다. 《유마경(정명경)》에도 "즉석에서 문득 환하게 본래의 마음으로 돌아갈 수 있다."라고 했다.

선지식들아, 나는 홍인 대사 문하에서 이 가르침을 듣고 그 자리에서 깨달아 단박에 자성을 보았다. 나는 이 법을 세상에 널리 퍼뜨려 수행하는 이들이 모두 부처님의 지혜를 얻고 자기 마음을 보아 단박에 자성에 눈뜨게 할 것이다. 만약 스스로 깨닫지 못하는 이들은 반드시 훌륭한 선지식을 찾아가 바른 가르침을 받아야 한다.

위대한 선지식이란 최상승법을 깨달아 제자들을 바른 길로 인도하고 그들이 부처를 볼 수 있도록 바르게 지도하는 분이다. 이러한 선지식은 훌륭한 인연을 갖추고 있어서 높은 가르침이 모두 그로부터 나오게 되어 있다.

그러므로 삼세(과거, 현재, 미래)의 모든 부처님과 십이부 경전은 우리의 성품 가운데 본래 갖추어져 있는 것이다. 스스로 이를 깨닫지 못하는 사람은 반드시 선지식의 가르침을 받아야 한다. 그래야 비로소 자성을 볼 것이다.

하지만 스스로 깨닫는 사람은 밖으로 선지식에 의지할 필요가 없다. 자기 마음속의 선지식을 알면 바로 해탈이다. 자기 마음이 미혹하여 망상으로 가득 차 있으면 밖에서 선지식이 아무리 가르쳐 준다 해도 소용이 없다. 참다운 반야의 지혜로 조용히 관조하면 순식간에 망념이 사라지고 단박에 자성을 볼 것이다. 이것이 바로 자기의 참된 선지식이며 단번에 부처님의 경지에 도달하는 비결이다.

지혜로써 비추어 보아 마음의 안과 밖이 모두 훤히 밝아지면 즉시 본성을 볼 것이다[견성성불(見性成佛)]. 이 근본 본성을 깨달으면 곧바로 해탈이요, 반야 삼매(맑게 집중된 지혜의 자리)며, 무념이다.

왜 무념이라 하는가? 모든 법을 보지만 어떤 법에도 집착하지 않으며 모든 곳에 두루 마음을 내지만 어디에도 머물거나 헤매지 않는다. 다만 본래 깨끗한 성품을 그대로 청정하게 지녀 육식(六識)이 육근(六根)을 통과하더라도 육경(六境)을 벗어나거나 거기에 물들지 않으면 어떤 걸림도 장애도 없다. 이렇게 항상 자유로운 것이 반야 삼매며 해탈이니 이를 가리켜 무념을 실천하는 무념행이라 부른다.

✤ 육근(六根), 육식(六識), 육경(六境)은 이 책의 앞부분에 용어 해설에서 간단히 밝혔지만 이 부분에서 중요하기 때문에 다시 한 번 그 뜻을 정리한다.

① **육근(六根, 육문)**

외부의 자극을 알아차리는 여섯 가지 감각 기관으로 우리의 눈, 귀, 코, 혀, 몸, 생각을 말한다. 외부의 자극이나 대상이 육근(六根)을 통하여 나에게 들어오기 때문에 통과하는 문이라 해서 육문(六門)이라고도 한다.

이 여섯 감각 기관이 혼탁하거나 더러워지지 않고 맑고 깨끗한 본래 모습을 유지할 때 육근청정(六根淸淨)이라 부른다. 만약 육근이 혼탁하면 어떤 대상을 혼탁하게 잘못 받아들이고 외부 세계를 있는 그대로 인식하지 못한다. 예를 들어 눈에 어떤 이물질이 끼어 있으면 눈앞의 사물이 뿌옇고 흐리게 보인다. 이때 내 눈이 잘못 되었음을 깨닫지 못하고 사물이 원래 뿌옇다고 인식하는 것과 같다.

반대로 육근(六根)이 청정하면 바깥의 사물을 있는 그대로 바르게 받아들이고 인식할 수 있다. 그러므로 육근이 청정해야 바른 생각과 바른 행동이 일어난다.

② **육식(六識)**

여섯 감각 기관을 통해, 알아차린 여섯 가지 인식을 말한다. 식(識)이란 외부의 대상을 분별하고 판단하는 인식 작용이다. 눈[안근(眼根)]

이 어떤 물체를 보고 그것이 무슨 색깔인지 알아보면 안식(眼識), 귀[이근(耳根)]가 어떤 소리를 듣고 무슨 소리인지 알면 이식(耳識), 코[비근(鼻根)]가 무슨 냄새인지 알면 비식(鼻識), 혀[설근(舌根)]가 무슨 맛인지 알아내면 설식(舌識), 몸[신근(身根)]이 다가온 감촉을 느끼면 신식(身識), 생각[의근(意根)]이 무언가를 판단하고 알아차리면 의식(意識)인데 이들 여섯 가지 인식 작용을 육식이라고 한다.

나 아닌 바깥의 대상을 올바르게 인식(認識)하려면 육근청정(六根淸淨)이 기본이다. 육근은 육식이 밖으로 통하는 문이다. 육근이 청정하면 육식이 육경을 바르게 인식할 수가 있다.

③ 육경(六境, 육진)

육식이 작용하는 대상이다. 즉 색깔, 소리, 향기, 맛, 촉감, 법[색(色), 성(聲), 향(香), 미(味), 촉(觸), 법(法)]을 말한다. 눈으로 보는 모양은 색경(色境), 귀로 듣는 소리는 성경(聲境), 코로 맡는 냄새는 향경(香境), 혀로 느끼는 맛은 미경(味境), 몸에 다가온 감촉은 촉경(觸境), 생각으로 알게 된 것은 법경(法境)이다. 눈, 귀, 코, 혀, 몸, 생각(육근)은 외부의 색, 소리, 냄새, 맛, 촉감, 법(육경)이라는 각각의 인식 대상을 육식을 통해 모양, 소리, 맛 등등으로 알게 된다.

그러므로 육근은 육경을 만나 육식을 만들어 낸다. 육근과 육경을 합하여 십이처(十二處)라고 하는데 우주의 일체 만물이 우리에게 지각될 때는 모두 이 십이처로 들어간다고 했다. 이것이 소위 십이처

설이다.

또 육근+육경+육식을 합하면 18가지 세계가 되어 십팔계(十八界)라고 부른다. 십팔계는 주관적 감각 세계와 객관적 감각 세계를 합한 것으로 우리의 인식 세계는 이 십팔계를 통해 움직인다. 결국 불교에서는 십이처 십팔계설을 통해 감각 기관(육근)과 감각 대상(육경), 식별 작용(육식)이라는 세 범주 속에서 인간의 감각과 인식 원리를 설명한다.

그러나 만약 어떤 생각도 하지 않고 생각을 무조건 끊어 버리면 그것은 자기가 정한 법의 모양[법상(法相)]에 스스로 묶인 것이며 어딘가 한쪽으로 치우친 자기의 편견에 빠진 것이다.

무념법은 언제나 고요하고 바른 생각[정념(正念)]의 자리에서 흔들리지 않는 것이다. 이 무념법을 깨친 이는 일체의 법에 걸림이 없어서 부처님의 경지에 도달하게 된다.

선지식들아, 이후에 나의 가르침을 받는 사람들은 나의 법신(육신은 물질에 불과하지만 법신은 혼이 담긴 정신적인 몸이다)이 그들 곁을 떠나지 않고 늘 함께 있음을 알게 될 것이다. 단박에 깨닫는 돈오의 가르침을 잊지 말고 나와 같이 보고 나와 같은 마음으로 수행하기를 맹세하라. 이 가르침을 부처님처럼 깊이 섬기면서 죽을 때까지 물러나지 않는다면 마땅히 깨달은 성인의 자리에 도달할 것이다. 이 가르침은 예부터 지금까지 말없이 마음에서 마음으로 상속되어 온 것[이심전심(以心傳心)]이니 모두 바르게 남김없이 전수해야 한다.

그러나 나와 같은 마음으로 보지 않고 뜻과 서원을 바로 세우지도 않은 채 곳곳에 다니며 망령된 선전을 일삼는다면 그에게 나의 법문을 상속해 줄 수 없다. 그런 사람은 앞서 가신 선조의 공덕을 훼손할 뿐만 아니라 어떤 도움도 안 될 것이다. 어리석은 이는 돈오법을 제대로 모르면서 이 법을 비방하니 백천만 억겁이 지나도 부처가 되지 못하고 부처가 될 씨앗을 스스로 잘라 버릴까 심히 염려스럽다.

✤ '일겁'이란 인간의 시간으로 대략 4억 3천2백만 년이라고 한다. 지구의 나이를 약 50억 년으로 볼 때 지구는 겨우 십겁을 흘러온 셈이다. 불교에서는 헤아릴 수 없이 많은 세월을 보통 백천만 억겁이라고 부른다. 백천만 억겁이라는 세월은 우주의 나이(약 150억 년)와는 비교할 수도 없이 많은 무한한 시간이다.

일겁이 얼마나 긴 시간인지 말해 주는 재미있는 이야기가 있다.

천년에 한 방울 떨어지는 낙숫물이 집채만 한 바위를 뚫는 데 걸리는 시간이라고 한다. 또 둘레 40리나 되는 성 안에 아주 작은 겨자씨를 가득 채워 놓고 하늘의 선녀가 3년마다 1알씩 가져가서 모두 없어질 때까지 걸리는 시간이라고도 한다.

또 둘레가 40리나 되는 돌에 하늘의 선녀가 비단옷을 입고 와서, 3년마다 한 번씩 스쳐지나가 그 돌이 다 닳아 없어질 만큼의 긴 시간이라고도 한다. 한결같이 우리가 숫자로 표현할 수 없을 만큼 어마어마한 시간이다. 일겁이 그렇게 긴 시간이니 백천만 억겁은 상상조차 할 수 없는 시간이다.

겁과 대비되는 개념이 찰나인데 손가락을 한 번 튕기면 65찰나가

흐른다고 하니 찰나는 생각이 번뜩 스치는 한순간보다 훨씬 더 짧은 순간이다.

선지식들아, 이제 나의 무상송(모양에 집착하지 않는 자유의 노래)을 듣고 외워 모두 이에 의지해 수행하라. 이 게송은 미혹한 이들의 죄를 없애는 멸죄송(滅罪頌, 죄를 없애는 노래)이기도 하다.

어리석은 이는 도는 닦지 않고 복만 닦으면서
복 닦는 일이 도 닦는 것이라 하네.
보시 공양(물질을 베풀고 자비로운 마음을 바침)하는 복이 끝이 없지만
마음속 삼업(몸과 입과 생각으로 지은 죄업)은 원래대로 있으니
아무리
복을 닦아서 죄를 없애려 해도
복은 얻을지언정 죄는 어쩔 수 없도다.
오직 마음속 죄의 씨앗을 버릴 줄 안다면
자기의 본성에 비추어
올바른 참회가 되리니
대승(크고 높은 가르침)의 참회로 잘못을 물리치고
참된 행동으로 죄를 없앨지어다.
도를 배우는 이가 자성을 관찰하면
곧 깨달은 이와 다를 바 없도다.
옛 조사(큰 스님)들이 단박에 깨치는 이 돈오법을 전한 건
배우는 이들이 모두 부처의 경지에 들기를 원함이니
장차 부처의 지혜를 얻고자 한다면
삼독(三毒, 욕심·성냄·어리석음)의 나쁜 인연을 마음에서 모조리 씻어 내고

힘써 도를 닦아야 하니 결코 한가로이 지내지 말라.
어느덧 한세상 헛되이 끝날 터이니
단번에 깨닫는 대승법을 만났거든
정성껏 합장하고 지극한 마음으로 구해야 하리라.

혜능 대사가 다시 말했다.
"이제 여기 대범사에서 돈오의 가르침을 전했으니 온 우주의 중생들이 이 설법을 듣고 깨우쳐 모두 성불하도록 하라!"
이때 위사군과 모든 관료들과 제자들이 함께 일어나 "이 얼마나 거룩하고 기쁜 일인가. 이 영남 산골에 부처님이 출현하리라 어찌 짐작이나 했겠는가!" 하며 진심으로 찬탄하고 기뻐하며 깊이 혜능 대사에게 예배를 올렸다.

4. 달마 대사와 양무제

이때 위사군이 일어나 공손히 예배하고 "대사님의 설법은 이루 말로 다할 수 없는 감명을 주었습니다. 그런데 아직 의문이 남아 있어 대사님께 여쭙고자 합니다. 부디 크고 넓은 자비심으로 제자들을 위해 가르쳐주소서." 하고 간청했다.
"의문이 나는 것은 당장 물어라. 몇 번이라도 괜찮다."

위사군이 물었다. "대사님께서 말씀하신 법은 서쪽 나라 인도에서 오신 초조 달마 대사의 근본 가르침이 아닙니까?"

"그렇다."

혜능 대사가 대답하자 위사군이 계속 물었다.

"달마 대사께서 양나라 무제를 교화하실 때 양무제가 달마 대사에게 '저는 한평생 여러 절을 짓고 스님들에게 크게 보시하며 많은 공양을 올렸는데 저에게 얼마나 공덕이 있습니까?'라고 묻자 달마 대사는 '전혀 공덕이 없다.'라고 대답했습니다.

큰 공덕을 베풀었다고 자부심을 가졌던 양무제는 기대에 어긋난 대답에 마음이 무척 불쾌하여 달마 대사를 나라 밖으로 내보냈다고 합니다. 저는 아직 이 도리를 모르겠습니다. 대사님께서 이것이 무엇을 뜻하는지 가르쳐 주십시오."

혜능 대사가 대답했다. "달마 대사의 말처럼 양무제에게는 참으로 아무런 공덕이 없다. 그대는 달마 대사의 말씀을 조금도 의심하지 말라. 양무제는 마음이 비뚤어져서 바른 법을 몰랐던 것이다."

위사군이 다시 물었다. "어째서 공덕이 없다고 하십니까?"

혜능 대사가 다시 대답했다.

"절을 짓고 보시하고 공양을 올리는 것은 다만 복을 닦을 뿐이다. 복덕(福德)이 곧 공덕(功德)이라고 생각하면 안 된다. 공덕은 자기의 법신 속에 있을 뿐, 복덕을 행하는 데 있지 않다.

본성을 깨닫는 것이 공(功)이요, 모든 것을 평등하게 보고 바르게 행함이 덕(德)이다. 그러므로 참된 공덕은 한 생각 한 생각에 거리낌이 없고 언제나 참된 본성을 보며 진실하게 사는 것이다. 밖으로는 사람들을 업신여기지 않고 공경하며 안으로는 겸손하게 처신하며 참된 본성을 떠나지 않는 것이 진정한 공덕이다.

만약 사람들을 경멸하고 자기에 대한 상[아상(我相), 자신을 내세우려는 마음]을 떨쳐 버리지 못했다면 아무리 보시를 많이 하여 복덕을 쌓았다 해도 아무런 공덕이 없다. 자성이 흐려져 참다운 마음을 잃었다면 공덕은 이미 사라진 것이다.

생각마다 덕을 행하고 마음이 평등하고 곧으면 그 공덕은 적지 않다. 항상 남을 공경하고 스스로 몸을 닦는 것이 공(功)이며 스스로 마음을 닦는 것이 덕(德)이다. 공덕은 이렇게 자기 본성 속에서 발견하는 것이며 자기 마음으로 지어 나가는 것이기 때문에 물질로 짓는 복덕과는 분명히 다름을 알라. 이런 이치를 알지 못하고 양무제는 보시나 공양으로써 공덕을 추구했고 달마 대사께서 그 허물을 분명히 지적한 것이다."

✤ 달마 대사의 생애에 대해서는 명확한 기록이 전해지는 것은 없지만 남인도 향지왕의 세 번째 왕자로 태어났다고 한다. 인도에서 수행하다가 중국 양나라 무제 시절(약 520년경)에 인도에서 바다를 건너 중국 남해안의 광주에 도착했다.

달마가 중국에 오기 이전에도 중국에 선 사상이 있었지만 달마가 중국에 오면서 선은 하나의 종파(선종)로서 성립되었고 달마는 선종의 초조[初祖(제1조)]로 인정받게 되었다.

양나라 무제는 중국의 역대 제왕들 가운데 가장 불교를 숭상하고 높이 받들었던 인물로 유명하다. 그는 문학에도 조예가 깊었고 돈독한 불심으로 불교 사업을 활발히 추진했던 황제로 잘 알려져 있다.

불교를 위해 여러모로 큰 공헌을 했건만 달마는 무제에게 아무런 공덕이 없다는 충격적인 대답을 했다. 참다운 공덕은 도(道)를 구하는 데 있지 복(福)을 얻는 데 있지 않다는 것이다. 복덕이 세속적인 행복이라면 공덕은 깨달음을 향한 정신적인 행복이므로 복덕과 공덕은 분명히 다르다. 양무제는 절을 많이 짓고 스님들께 많은 시주를 올렸지만 그 뜻이 도를 구하는 데 있지 않고 세속적인 복락을 구하는 데 있었기 때문에 무제에게 복덕은 있을지 모르지만 공덕은 없다는 말이었다.

양무제가 달마의 대답을 이해하지 못하자 달마는 양나라를 떠나 북쪽의 위나라 지역인 숭산으로 갔다. 이때 갈대를 타고 강을 건넜다는 기적 같은 이야기가 전해지고 있다. 그 후 달마 스님은 숭산 소림사에 머물며 9년간 벽을 바라보는 면벽 좌선 수행에 들어갔다고 한다.

달마의 생애 가운데 열반할 때 있었던 이야기도 유명하다. 달마 대사는 살아 있을 때 주변 스님들의 시기와 질투로 여섯 번에 걸쳐 독약을 받았다. 그런데 그의 도력으로 다섯 번째까지는 다른 음식과 함께 독을 모두 소화했다고 한다.

마지막 독약을 받았을 때는 이 세상에서 자신이 할 일이 다 끝났다며 단정히 앉아서 독약을 받아 마시고 떠났다. 그런데 어느 날 서역에 갔던 사신이 중국으로 돌아오는 길에 파미르 고원 근처에서 신발 한 짝을 꿰어 들고 가는 달마를 목격했다. 귀국한 뒤 사신은 조정에 그 사실을 알렸고 임금은 즉시 달마의 무덤을 파보라고 명령했다. 무덤에 있던 그의 시신은 온데간데없고 신발 한 짝만 남아 있었다고 한다. 온 나라가 이 사실을 알고 경탄하여 남은 신 한 짝을 소림사에 보관하고 오래 공양했다는 전설 같은 이야기다.

위사군이 혜능 대사에게 공손히 예의를 표하며 다시 물었다.

"출가 승려들이나 재가 신도들이 모두 아미타 부처님을 열심히 부르며 서방 세계 극락정토에 태어나기를 간절히 원하고 있습니다. 대사님께 여쭈오니 과연 그렇게 열심히 염불(부처님을 마음으로 간절히 생각하고 반복해서 부름)하면 서방의 극락정토에 태어날 수 있습니까? 제 의심을 반드시 풀어 주시길 바랍니다."

혜능 대사가 대답했다.

"위사군은 들으라, 내가 분명히 말하겠다. 석가모니 부처님께서 사위국에 계실 때 서방 정토에 대한 설법을 하신 적이 있다. 경전에도 분명히 '정토는 여기서 멀지 않다.'라고 했다.

극락정토가 만약 여기서 멀다고 하면 근기가 낮은 어리석은 사람들에게 하는 말이며, 가깝다고 하면 지혜가 높은 사람들에게 하는 말이다. 법에는 느리고 빠름의 구별이 없지만 사람에게는 미혹한 자와 지혜로운 자의 구별이 있다. 사람에 따라 깨달음에 느리고 빠름이 있기 때문에 그들에게는 정토가 멀기도 하고 가깝기도 한 것이다.

미혹한 사람은 염불을 해서 서방 정토에 태어나기를 원하지만 깨달은 사람은 스스로 마음을 맑게 가꾼다. 부처님께서도 '마음이 청정해야 부처의 정토(淨土. 맑고 깨끗한 부처님 나라)에 이른다.'라고 하셨다.

그러므로 동방에 살아도 마음이 청정하면 죄가 없고, 서방에 살아도 마음이 혼탁하면 죄와 허물이 많다. 동방 사람이 죄를 지은 뒤 염불을 해서 서방 정토에 태어나기를 바라면, 서방 사람은 죄를 지은 뒤 염불을 해서 어디에 태어나기를 바라겠는가?

어리석은 자는 자기 안에 있는 참된 정토를 모르고 정토를 찾아 동쪽을 원했다 서쪽을 원했다 하지만 깨달은 사람은 어디에 있든 바로 정토에 도달한다. 동방이든 서방이든 사람이 있는 곳은 다 마찬가지다. 마음이 맑고 깨끗하면 서방 정토가 바로 여기 있으며 청정하지 못한 마음으로는 아무리 오래 염불을 한다 해도 서방 정토에 도달하기 어렵다."

✤ 사위국은 인도 갠지스강 유역에 있던 코살라국의 수도인 슈라바스티를 한자로 표기한 것인데 사위성이라고도 한다. 사위국 남쪽에 기원정사가 있었는데 기원정사는 사위국의 큰 부자였던 급고독(수닷타 장자)이라는 사람이 깨달음을 이룬 석가모니 부처님을 모시기 위해 지은 사원이다.

사위국의 기타 태자는 나무가 많이 심어져 있는 큰 정원을 갖고 있었는데 급고독이 그 정원에 절을 짓고 싶었다. 그는 태자에게 그 정원의 많은 나무를 다 사겠다고 하자 기타 태자는 정원에 온통 다섯 치 두께의 금화를 깔면 팔겠다고 농담을 했다.

그러나 부처님을 모시겠다는 일념 하나로 급고독은 정말로 금화를 온 정원에 깔아 기타 태자를 깜짝 놀라게 했다. 급고독의 정성에 감동한 태자는 땅과 함께 그 나무를 모두 사원을 짓는 재목으로 내놓았다고 한다. 기원정사를 '기수급고독원'이라고도 하는데 기타 태자의 나무(기수)와 급고독이 이룬 사원이라는 뜻이다. 사위국의 기원정사는 80년의 생애를 살았던 석가모니 부처님이 《금강경》을 비롯하여 현재 전하는 경전의 3분의 2 정도를 설하시며 생전에 가장 오래 머물렀던 장소다.

"여러분께 당부하건데 십악(十惡)을 제거하면 곧장 십만 리를 나아가고, 팔죄(八罪)를 소멸하면 팔천 리를 단번에 통과하게 된다. 언제나 곧고 바른 마음으로 실천하면 손가락을 탁 튕기듯 짧은 시간에 정토에 도달해 아미타 부처님을 볼 것이다.

위사군이여, 그러니 서방 정토에 왕생하기를 바라기 전에 먼저 열 가지 악을 끊고 열 가지 선(十善)을 행하라. 십악조차 끊지 못하는 마음으로 어떻게 부처님께서 반겨 맞이해 주시기를 바라는가? 생사를 벗어나 단박에 깨닫는 돈오의 가르침을 알면 서방 정토가 눈 깜짝할 찰나에 나타날 것이요, 돈오의 진리를 모른 채 염불만으로 극락왕생을 기원한다면 서방 정토는 아득히 멀기만 하다. 과연 언제 그 먼 곳에 도달하겠는가?"

✚ 십악(十惡)은 몸[身]과 입[口]과 생각[意]으로 만들어 내는 열 가지 죄악으로, 살생(殺生, 생명을 죽임)·투도(偸盜, 도둑질)·사음(邪淫, 남여의 음탕한 행동)·망어(妄語, 거짓말)·기어(綺語, 꾸며낸 말)·악구(惡口, 사악한 말)·

양설(兩舌, 이간질하는 말)·탐욕(貪慾, 지나친 욕심)·진에(瞋恚, 화냄)·치암(痴暗, 어리석음)을 말한다.

십선은 이 열 가지 악을 벗어나 바른 마음과 행동을 실천하는 것이다. 팔죄는 팔정도에 어긋나는 사악한 행동 여덟 가지를 말한다.

팔정도란 깨달음을 얻기 위해 실천 수행해야 할 여덟 가지 바른 자세를 말한다. 정견(正見, 바르게 보기), 정사유(正思惟, 바르게 생각하기), 정어(正語, 바르게 말하기), 정업(正業, 바르게 행동하기), 정명(正命, 바르게 생업을 유지하기), 정정진(正精進, 바르게 정진하기), 정념(正念, 바르게 마음이 깨어 있기), 정정(正定, 바르게 삼매에 들기) 이 여덟 가지를 제대로 실천하지 않으면 팔죄를 저지르는 것이다.

혜능 대사가 계속 말했다.

"내가 서방 정토 극락세계를 한순간에 여러분 앞에 가져오겠다. 당장 보기를 원하는가?"

위사군이 머리를 땅에 대고 예배하며 말했다.

"여기서 당장 볼 수만 있다면 어찌 일부러 서방 정토를 찾겠습니까? 진실로 원하오니 대사님께서 자비로써 서방 정토를 저희 앞에 보여 주시기 바랍니다."

"여러분들은 이제 불현듯 서방 정토를 보고 모든 의심이 사라질 테니 즉시 이 자리에서 해산하도록 하라." 혜능 대사가 말하자 대중들은 그 뜻을 몰라 어리둥절했다.

"여러분들은 정신차리고 잘 들으라.

사람에게 자기 몸은 성(城, 자기 몸이 그대로 부처님 나라의 성이라는 뜻)과 같고, 눈, 귀, 코, 혀, 몸 같은 감각 기관은 성문(城門)이다. 밖으로는 이 다섯 개의 성문이 있고 안으로는 생각[마음(意)]이라는 문이 또 하나 있다. 나의 마음은 바로 국토요, 나의 본성은 국왕이니 본성이 있으면 국왕이 있고, 본성이 없으면 국왕도 없다. 본성이 있으므로 몸과 마음이 존재하고 본성이 사라지면 몸과 마음도 허물어진다.

부처는 자기의 본성(자성)으로부터 스스로 이루는 것이다. 자기 몸 밖에서 부처를 구하지 말라. 자성이 미혹하면 부처가 중생이요, 자성이 밝아 깨달으면 중생이 바로 부처다. 자비로우면 곧 관세음보살이며, 희사(喜捨, 재물이나 마음을 베풀어 줌)하면 세지보살이다. 청정하면 즉시 석가모니불이요, 평등하고 바르면 곧 미륵불이다.

자아의 교만함은 수미산처럼 높고, 삿된 마음은 대양처럼 넓으며, 번뇌는 물결치는 성난 파도와 같다. 독한 마음은 사악한 용이며 속세의 고통은 물고기나 자라와 같고 허망함은 귀신과 같다. 삼독(三毒, 욕심·성냄·어리석음)을 벗어나지 못하면 거기가 바로 지옥이요, 어리석은 마음은 짐승들과 다를 바 없다.

그러므로 항상 십선을 행하면 서방 정토가 바로 내 앞에 있고 교만한 자아를 버리면 거대한 수미산이 저절로 무너진다. 삿된 마음이 사라지면 큰 바닷물도 없어지고 마음의 번뇌를 떨쳐 버리면 성난 파도가 가라앉는다. 사악한 마음을 벗어나면 악독한 물고기와 용도 저절로 사라진다.

자기의 마음을 바탕으로 깨달은 성품은 부처의 지혜로 대광명을 비출 것이다. 밖으로 육근(눈, 귀, 코, 혀, 몸, 생각)이 청정해지고 능히 욕계에 속한 여섯 하늘[육욕천(六欲天)]을 다스릴 것이며 삼독을 제거해 지옥이 즉시 사라질 것이다. 욕계는 맨 아래에 있는 지옥(地獄)에서부터 차례로 아귀(餓鬼)·축생(畜生)·아수라(阿修羅)·인간(人間)의 다섯 세계가 있고, 그 위의 천상계 6단계가 놓인다. 천상계에는 모두 28단계가 있는데 그 가운데 가장 낮은 여섯 단계가 욕계에 속한다. 육욕천은 욕계에 속한 여섯 하늘을 말하는 것이다.

이렇게 마음 안팎이 환하게 밝아지면 그곳이 바로 서방 정토다. 이렇게 지극한 마음으로 수행하지 않고서 어떻게 서방 정토를 찾으며 깨달음의 저 언덕에 도달하길 바라는가?"

혜능 대사의 법문을 듣고 "참으로 귀하고 거룩한 말씀입니다."라는 대중들의 찬탄하는 소리가 하늘에 사무쳤다. 미혹했던 사람들조차 눈이 환히 밝아지고 바로 알게 되었으니 위사군을 비롯한 모든 사람들이 대사에게 진심으로 예배하고 찬탄했다.

"참으로 위대하고 훌륭하십니다. 온 세계의 중생들이 대사님의 설법을 듣고 일시에 깨달음을 얻게 되길 바랍니다."

5. 무상송, 집착을 벗어난 경지의 노래

혜능 대사가 계속 말했다.

"선지식들아, 참으로 수행하기를 원한다면 속세에 있어도 문제가 없다. 반드시 절에 있어야 수행하는 것은 아니다. 절에 살아도 갈고 닦지 않으면 서방 정토에 있어도 마음이 악한 것과 같고, 속세에 있어도 열심히 수행하면 비록 동방에 머물러도 마음이 선한 것과 같다. 오직 자기 마음을 청정하게 유지하면 그대로 서방 정토에 머물게 된다."

위사군이 다시 물었다. "세속에 머물면서 어떻게 수행할 수 있는지 가르쳐 주십시오."

혜능 대사가 대답했다. "내가 여러분들을 위해 다음과 같은 무상송(無相頌)을 지었으니 모두 외워서 마음속에 깊이 간직하라. 이 말씀에 의지해 수행하면 항상 나와 함께 있는 것이요, 그렇지 않으면 비록 내 곁에 있어도 천 리 만 리 떨어진 것과 같다."

설법에도 통달하고 마음도 자유로우니
허공에 높이 솟은 해와 같도다.
오직 단박 깨닫는 가르침(돈오법)을 전하여
세간의 잘못된 가르침을 타파하라.
가르침에는 돈(頓, 단박에 깨침), 점(漸, 서서히 깨침)이 없고
오직 미혹함과 깨달음에 빠르고 느림이 있을 뿐이다.
돈오를 알면 어리석은 자도 끝내 미혹함을 벗어나리니
법을 설하는 길은 참으로 많지만
모두 근본은 하나로 돌아간다.
번뇌로 가득한 어두운 집 안에
늘 지혜의 태양이 떠오르게 하라.
삿된 생각은 번뇌로 인해 생기니
바른 생각이 떠오르면 번뇌는 사라질 것이고
옳고 그름의 분별심을 벗어나면 오직 청정함만 남을 뿐이다.

보리(菩提, 깨달음)는 본디 청정한 것이다.
분별심을 일으키면 망상이나
청정한 성품은 그 망상 가운데 있나니
오로지 마음을 바르게 하면 세 가지 장애를 벗어날 수 있도다.

✢ 세 가지 장애란 바른 마음을 내는 데 장애가 되는 해악을 말한다. 첫째는 번뇌장(煩惱障)으로 불교에서 가장 경계하는 삼독심(욕심, 성냄, 어리석음)을 벗어나지 못하는 장애다. 둘째는 업장(業障)으로 십악 같은 나쁜 행동에서 벗어나지 못하는 장애다. 업이란 카르마(karma)라 하여 자신이 지은 선하거나 악한 행동이 미래에 영향을 미치는 것이다. 셋째는 보장(報障)으로 나쁜 마음과 행동으로 인해 죽어서 삼악도(지옥, 아귀, 축생계)에 떨어지는 것 같은 고통스런 인과응보를 받는 장애를 말한다.

속세에서 수행해도
그 무엇도 수행을 방해할 수 없으니
늘 자기의 허물을 드러내고 알아차리면
그대로 도에 들어맞는다.
모습이 있는 것들은 본래 도가 있는데
스스로의 도를 떠나서 따로 도를 찾는다면
아무리 도를 찾아도 보지 못하니
허둥지둥 일생을 보내며 스스로 번뇌에 빠질 뿐이다.

참으로 도를 찾는다면
바른 행동이 바로 도니
스스로 길을 찾으려는 바른 마음이 없으면
어둔 밤길에 길이 보이지 않듯
도를 보지 못하리라.
참된 수행자라면 세상 사람들의 허물은 보지 않으니
만약 남의 허물에 눈을 돌리면
바로 자기 허물이 되어 도에 어긋날 따름이다.
남의 잘못을 봄은 나의 허물이요
나의 잘못은 내 죄가 있음이니
스스로 잘못된 마음을 버리고 오직 번뇌를 타파하라.
어리석은 이들을 가르치고자 한다면
반드시 방편(수단)을 가지고
그들이 의심을 품지 않도록 해야
마침내 보리(깨달음)를 볼 것이다.
법(진리)은 원래 세간(속세)에 있는 것
세간에 있으면서 세간을 벗어남[출세간(出世間)]이니
결코 세간을 떠나지 말 것이며
밖에서 출세간의 법을 구하지 말라.
세간을 떠나 깨달음을 찾는다면
마치 토끼의 뿔을 찾는 것과 같으니
그릇된 생각이 세간이요
올바른 생각이 바로 출세간이라.
옳고 그름을 모두 물리치면

보리의 성품이 저절로 완연(또렷)해지리니
이것이야말로 돈오의 가르침이며
대승(大乘, 큰 가르침)이라 부른다.
미혹하면 몇 겁의 세월을 지나야 하나
문득 깨달으면 오직 찰나의 일이로다.

✦ 옛날 조사 스님들의 게송에 보면 토끼의 뿔, 거북의 털, 석녀(石女, 아이를 못 낳는 여자)의 아이 같은 앞뒤가 안 맞는 비유가 종종 나온다. 이런 것들은 현실에 존재하지 않고 단지 말로써 지어낸 것일 뿐이다. 이런 표현을 통해 우리가 실체도 없는 망상을 찾고 있음을 지적하려는 것이다. 분별과 망상은 각자의 편견과 잘못된 생각으로 지어낸 것에 불과하기 때문에 실체가 없음을 분명히 깨닫도록 하기 위해 이런 표현을 쓴다.

혜능 대사가 말했다.

"선지식들아, 모두 이 게송을 외우고 이에 따라 수행하면 나와 멀리 떨어져 있어도 항상 내 곁에 있는 것과 같고, 이렇게 수행하지 않으면 얼굴을 마주하고 있어도 천 리 밖에 있는 것과 같다. 스스로 열심히 정진하라. 법은 여러분을 기다려 주지 않는다.

자 이제 모두 해산할 시간이다. 나는 조계산으로 돌아갈 것이다. 혹시 여러분들 가운데 큰 의문이 생기는 자는 저 산으로 와서 나에게 물어라. 내가 그 의심을 풀어 주고 함께 불성을 보도록 하겠다."

이에 자리를 함께 했던 수행자들과 신도들은 대사에게 예배하며 찬탄했다.

"참으로 위대하십니다. 크게 깨달은 분이시여, 일찍이 들어보지 못한 빛나는 법문이었습니다. 영남에 복이 있어 살아 있는 부처님이 여기 와 계셨음을 어느 누가 감히 알았으리오!"라고 말하며 모두 해산했다.

제 **5** 장
남종선과 북종선

제5장_ 남종선과 북종선

여기서는 대범사의 설법이 아니라 혜능이 은둔을 마치고 조계산으로 간 뒤 소주와 광주 등지에서 대중들을 교화할 때 일어났던 일들과 그 가운데 새겨야 할 가르침을 담고 있다.

조계산에서 혜능의 수행 일가는 큰 성황을 이루어 제자들이 수천 명에 이르렀다. 이런 혜능의 명성이 북쪽의 신수의 귀에 들어가자 그는 지성이라는 제자를 은밀히 잠입시켜 남종선을 뒤흔들어 보려고 시도했다. 하지만 지성은 혜능으로부터 큰 감화를 받고 깨달음을 얻어 도리어 그의 문하에 귀의한다.

5장에서 먼저 혜능은 흔히 말하는 '남돈북점(南頓北漸, 남종선은 단박에 깨치는 돈오법을, 북종선은 점차로 깨치는 점수법을 추구함)'에 대한 자신의 생각을 밝힌다.

"법은 오로지 하나일 뿐이지만 깨달음에는 느리고 빠름이 있고 사람에게는 영리함과 우둔함이 있기 때문에 돈오(頓悟, 단번에 깨달음)와 점오(漸悟, 조금씩 깨달음)로 나눈다."라고 했다. 또 '남쪽은 혜능, 북쪽은 신수'라고 하지만 원래 오조 홍인 대사로부터 함께 법을 받았으니 전수한 법은 똑같고 단지 활동 지역의 차이로 남과 북을 구분한 것뿐이라고도 했다. 혜능의 제자 신회가 혜능 사후에 남종선을 주류로 만들기 위해 북종선을 과다하게 비판하고 배타적으로 몰아간 것과 달리 혜능 당시에는 남종선과 북종선을 명확히 분리하지 않고 오히려 포용하려는 자세가 엿보인다.

다음으로 혜능이 제자 법달과 신회에게 했던 법문이 이어진다.

법달은 《법화경》을 7년이나 공부했지만 의문이 해소되지 않아 혜능에게 가르침을 청했다. 혜능은 석가모니 부처님이나 여러 위대한 부처님들이 이 세상에 오신 것은 중생들이 부처의 지견(知見, 알아보는 능력)을 열고 청정함을 얻기를 바랐기 때문이라고 설명한다.

부처님께서는 중생들이 부처의 지견을 열고, 부처의 지견을 나타내고, 부처의 지견을 깨닫고, 부처의 지견에 들어가도록 하기 위해 이 세상에 출현하셨다."는 점을 혜능은 강조한다. 결국 청정한 자기의 본성 자리를 깨닫도록 하기 위해 부처가 우리 곁에 왔다는 것이다.

　또 혜능을 찾아온 신회와의 문답이 계속된다. 신회의 질문에 혜능은 "여전히 미혹하여 자기 마음을 보지 못하면서 어찌하여 스승에게 '보고 보지 않음'을 묻는가?"라고 지적하며 신회를 질책했다. 그러면서 깨달음이란 누구도 대신해줄 수 없는 것이기에 반드시 선지식에게 길을 물어서 스스로 바르게 찾아가라고 신회에게 가르쳤다. 신회는 자신의 어리석음에 대해 용서를 빌고 즉시 혜능의 제자가 되어 조계산을 떠나지 않았고 결국 남종선을 중국 불교의 주류로 만드는 데 결정적인 역할을 하게 된다.

1. 남쪽의 혜능, 북쪽의 신수

혜능 대사가 조계산으로 간 뒤 소주와 광주 두 곳에서 약 40여 년간 가르침을 펼쳤다. 그동안 대사에게 배운 제자들이 삭발 수행자와 재가 수행자를 포함해 수천 명에 이르렀다.

혜능 대사는 제자들에게 《육조단경》을 대대로 전하여 믿음을 갖고 수행하라고 가르쳤다. 만약 어떤 제자가 《육조단경》을 전해 받지 못했다면 그는 혜능의 법을 받지 못한 거나 다름없었다. 혜능 대사는 반드시 장소와 날짜와 성명을 분명히 하여 차례로 제자들에게 《육조단경》을 전했으며 만약 《육조단경》을 상속 받지 못했다면 남종의 제자라 할 수 없었다.

"《육조단경》을 받지 못한 이는 아무리 입으로 돈오법을 말해도 아직 마음의 근본을 알지 못한 사람이다. 그런 사람들은 다툼과 논쟁을 피할 수 없다. 논쟁이란 이기고 지는 마음에서 나오기 때문에 불법의 도와는 한참 거리가 멀다. 그러므로 법을 이어받은 사람에게만 돈오의 가르침을 권하니 오직 이에 의지해 수행에 몰두하기 바란다.

사람들이 흔히 '남쪽은 혜능, 북쪽은 신수'라고 말하는데 아무런 이유도 없이 하는 말이다. 신수는 북쪽 지방인 호북성 당양현 서쪽 30리쯤 떨어진 옥천사에 머물러 수행하고 혜능은 남쪽 지방인 소주성 동쪽 35리쯤 떨어진 조계산에 머물러 수행하고 있다. 원래 오조 홍인 대사로부터 함께 법을 받았으니 전수한 법은 똑같으며 단지 남쪽 사람, 북쪽 사람이라는 지역의 차이가 있을 뿐이다.

과연 무엇이 돈오법(頓悟法, 단박에 깨닫는 가르침)과 점오법(漸悟法, 점차 깨닳는 가르침)인가. 법은 오로지 하나일 뿐이다. 하지만 깨달음에는 느리고 빠름이 있다. 자기의 성품을 보는 견해가 느리면 점오요, 빠르면 돈오다. 그러므로 법에는 돈오법과 점오법이 따로 없지만 사람에게는 영리함과 우둔함이 있기 때문에 돈오와 점오로 나누는 것이다."

한편 혜능 대사가 제자들을 쉽게 이해시키며 견성의 길을 곧장 제시해 준다는 소문이 널리 퍼지자 신수는 제자인 지성을 불러 말했다.

"지성은 총명하고 지혜로우니 나를 위하여 조계산으로 가서 혜능 대사를 뵙고 오너라. 내가 보냈다는 말은 하지 말고 가만히 앉아서 대사의 말씀만 듣고 와야 한다. 자네가 들은 그대로 내용을 잘 기억한 후 돌아와 나에게 그대로 전하라. 혜능 대사의 견해를 들어본 후 누구의 견해가 더 빠르고 느린지 한번 비교해 보아야겠다. 되도록 빨리 돌아와야 한다. 내가 자네를 미심쩍게 여기지 않도록."

지성은 스승의 분부를 받들고 즉시 출발하여 약 보름 만에 조계산에 도착했다. 그는 혜능 대사를 뵙고 예배하며 법문을 들었지만 자신이 어디서 왜 왔는지 처음에는 밝히지 않았다. 하지만 혜능 대사의 법문을 듣고 그 말끝에 단박 깨달음을 얻어 곧 사실대로 말했다.

"대사님, 저는 옥천사에서 신수 대사의 지도로 약 9년간 수행을 했으나 여전히 깨닫는 바가 없었습니다. 지금 대사님의 법문을 듣고 홀연히 깨달아 본래 마음에 와 닿는 바가 있습니다. 자비로써 저를 가르치시어 생사와 윤회의 문을 넘도록 도와주십시오."

혜능 대사가 말했다.

"자네가 옥천사에서 왔다면 분명히 어떤 의도가 있겠구나."

"아닙니다. 제가 솔직히 말씀드리기 전에는 그랬지만 이제 모든 것을 고백한 이상 아무런 의도도 없습니다."

혜능 대사가 대답했다.

"번뇌가 곧 보리(깨달음)라는 것도 그와 같은 이치다. 내가 듣기로 신수 대사는 오직 계율(戒), 선정(定), 지혜(慧)를 제자들에게 가르친다고 하는데 나에게 자네 스승의 계, 정, 혜에 대한 가르침을 자세히 말해 보라."

"신수 대사님께서는 어떤 악도 짓지 않는 것을 계율이라 하고, 모든 선을 행하는 것을 지혜라 하며, 스스로 마음을 깨끗이 하는 것을 선정이라고 하셨습니다. 그런데 대사님은 어떻게 생각하시는지 말씀해 주십시오."

혜능 대사가 대답했다. "그 법문은 참으로 불가사의하나 나의 견해는 그와 다르다."

지성이 물었다. "계, 정, 혜는 하나인데 어찌 다르다고 하십니까?"

"깨달음을 얻는 데는 느리고 빠름이 있다. 자네는 내 말의 뜻을 잘 새겨 들으라. 자기 마음 바탕에 삿됨이 없으면 자성의 계며, 마음 바탕에 어지러움이 없으면 자성의 정이며, 마음 바탕에 어리석음이 없으면 자성의 혜니라. 자성을 벗어난 가르침은 형식일 뿐 자성을 잃고 있는 것이다. 일체의 존재는 모두 자성에서 일어나기 때문에 계, 정, 혜는 서로 동등한 것이다. 신수 대사의 가르침은 근기가 낮은 사람들을 위한 것이지만 나의 가르침은 근기가 높은 사람들을 위한 것이다. 정녕 자성을 바로 본다면 계, 정, 혜를 따로 세울 필요도 없느니라."

지성이 다시 물었다. "대사님께서 계, 정, 혜를 세우지 않는다는 것은 무슨 뜻입니까?"

"자성은 원래 삿됨도 없고 어지러움도 없고 어리석음도 없다. 생각 생각마다 반야의 지혜로 밝게 비추어 법의 모양[법상(法相)]을 벗어나 있는

데 무엇을 따로 세울 것인가. 오고 감도 없고 머무름도 걸림도 없이 늘 자유로운데 따로 세울 것이 무엇이 있겠는가. 자기의 성품을 보고 단박에 닦으라. 자성은 단박에 깨닫고 바로 행하는 것이니 무언가를 세운다는 것은 서서히(점차) 단계를 정하는 것이다. 그러므로 어떤 것도 따로 세울 필요가 없다."

지성은 정중히 예배하고 나와서 조계산을 떠나지 않고 혜능 대사의 제자가 되어 대사의 곁을 떠나지 않았다.

✤ 인도의 달마 대사에 의해 전해진 선종은 홍인 대사의 수제자였던 혜능(638~713)과 신수(606~706)에 의해 남종과 북종으로 나누어진다. 본문에 나오듯 혜능은 남종과 북종으로 굳이 구분할 이유가 없다고 했지만 혜능 사후 그의 제자였던 신회(684~758)에 의해 남종과 북종은 확실히 분리되었다.

당시에 북종선은 장안을 중심으로 귀족과 왕실의 지원을 받으며 중국 지배층에 큰 영향을 미치고 있었다. 신회는 북종선에 대항하여 남종선을 중국 불교의 중심으로 만들기 위해 그들의 논리를 철저히 비판하고 남종선을 체계적으로 정립했다. 신회의 집요한 노력으로 혜능의 법이 점차 온 중국에 퍼졌고 북종선은 설 자리를 완전히 잃게 된다. 남종과 북종이라는 이름도 신회에 의해 만들어진 것이라고 한다. 수행법의 차이와 상호 불신으로 인해 남종과 북종 사람들은 서로 적대했고 그 사이가 마치 초나라와 한나라 사람들 같다고 할 만큼 나빴다. 남종선이 중국 불교의 중심에 서자 혜능의 선종은 일본과 한국에까지 널리 전파되었고 더불어 《육조단경》도 매우 중시되었다. 중국 당나라 이후 오늘날까지도 《육조단경》은 선의 교과서로, 혜능은 선 불교의 아버지로 인정받고 있다.

돈오법은 혜능의 가르침에서 가장 중요한 것이다. 경전 공부를 통해 문자에 의지해 차근차근 수행해 간다는 종래의 수행 풍토를 비판하고 자기가 있는 그 자리에서 본래의 성품을 직시함으로써 즉시 깨달음에 이를 수 있다[직지인심 견성성불(直指人心 見性成佛)]고 혜능은 가르쳤다. 견성성불이란 더럽혀진 본성을 오래도록 닦아서 새로이 깨끗하게 만들어 내는 것이 아니다. 본래 깨끗한 본성을 바로 보고 그대로 쓰는 것을 말한다. 오랜 세월 무량 공덕을 닦아야 성불하는 것이 아니라 원래 갖추어진 깨끗한 본성으로부터 바로 깨달음에 이를 수 있다는 말이다.

부처님은 우리를 구원하기 위해 이 세상에 오신 것이 아니라 우리가 이미 구제되어 있음을 가르쳐 주기 위해 이 세상에 왔다고 말하듯이 혜능은 오직 이 마음을 제대로 씀으로써 당장 그리고 완전히 부처가 될 수 있다고 역설하면서 그렇게 되도록 수행해야 한다고 가르쳤다.

신수도 혜능이 등장하기 전에는 홍인 대사로부터 "동산(쌍봉산의 동쪽산, 홍인 대사가 제자들을 이끌고 수행처로 삼았던 곳)의 법이 모두 신수에게 있다.”라고 할 만큼 높은 평가를 받았던 인물이었다. 당나라 측천무후는 북종선 가풍의 불교를 정치에 적극 활용했는데, 이로 인해 신수는 정치권에도 막대한 영향력을 행사한 것으로 알려져 있다.

706년 세상의 나이 100세로 삶을 마칠 때 당나라 조정에서는 신수에게 ‘대통 선사’라는 호를 내려 주었다. 그리고 애도의 뜻으로 5일간 조회를 하지 않고 황제가 몸소 장례 행렬을 전송했다고 할 만큼 신수의 정치적 영향력은 높았다.

신수의 북종선은 혜능선이 등장하기 이전에 중국 불교의 중심이었던 대승 불교의 사상을 그대로 수용하여 좌선과 선정의 힘을 강조했다.

그러나 혜능에게 좌선이나 선정은 도달해야 할 목표가 아니라 내면의 마음 자세를 말했다. 혜능선의 특징은 선정을 오래 닦아서 해탈을 이루는 수성성불(修成成佛)이 아니라 자성을 바로 보고 즉시 부처가 되는 견성성불(見性成佛)이 핵심이다. 오직 불성이라는 참다운 본성을 보아야 성불할 수 있다는 주장이다. 참다운 자성은 갈고 닦는 과정에서 언젠가 보이는 것이 아니라 지금 바로 이 자리에서 누구에게나 구체적으로 드러나는 것이다. 조금 전까지만 해도 칠흑같이 캄캄하고 어두웠던 눈이 갑자기 밝아지는 것이 견성이지 차츰차츰 눈을 뜨는 것이 아니다.

본성이란 오랫동안 관조하고 지켜보아야 나타나는 것이 아니며 어떠한 모양[相]이나 공(空)에도 사로잡히지 않고 생각으로 헤아리는 분별심도 버리면 그 자리에서 바로 본성을 볼 수 있다는 주장이다.

그러므로 혜능에게 자성은 둘이 아닌 성품을 의미했다. 깨달음과 어리석음이 둘이 아니며, 성(聖, 성인)과 속(俗, 세속인)이 둘이 아니며, 부처와 중생이 둘이 아니며, 번뇌와 깨달음이 둘이 아니다. 이런 입장에서 혜능은 마음 관조하기, 고요함을 지키기, 오래 동안 눕지 않고 수행하기[장좌불와(長坐不臥)]와 같은 전통적인 좌선법을 선병(禪病)이라 하여 엄격히 배격했다. 혜능은 오직 견성을 근본으로 삼아 움직이는 선, 생활하는 선, 매 순간 스스로 만들어 가는 선을 강조했다. 이 점이 혜능선의 생명력과 창조력이라 하겠다.

2. 법달 스님의 눈물

법달이라는 어떤 스님이 있었다. 그는 약 7년 동안이나 《법화경》을 읽고 수행해 왔지만 마음이 미혹하여 바른 가르침에 눈을 뜨지 못했다. 하루는 조계산에 와서 혜능 대사를 뵙고 간청했다.

"저는 《법화경》을 오랫동안 읽었지만 마음에 늘 의문이 남으며 올바른 법의 자리를 알지 못하고 있습니다. 대사님께서 넓고 크신 지혜로 저의 의문을 풀어 주시기 바랍니다."

"법달아, 그대 이름은 법을 통달한 듯하나 그대 마음은 아직 법을 알지 못했구나. 경전은 본래 분명하여 의문이 없는데 그대의 마음이 스스로 의문을 일으키고 있다. 마음은 삿된 방향으로 가면서 바른 법을 구하고 있구나. 마음을 바르게 하는 것이 곧 경전을 바로 읽고 지니는 것이다. 나는 평생 문자를 알지 못하니 지금 《법화경》을 가져와서 읽으면 내가 듣고 바로 알 것이다."

법달은 즉시 경전을 가져와 대사와 마주하고 한 편을 읽었다. 혜능은 듣자마자 부처님의 뜻을 즉시 파악하고 법달에게 경전을 설법해 주었다.

"법달아, 《법화경》에는 쓸 데 없는 말이 없고 일곱 권 전부가 비유와 인연 이야기로 되어 있다. 부처님께서 삼승(三乘)으로 나누어 말씀하신 것은 근기가 낮은 사람들을 위한 것이다. 경전에서는 분명히 다른 승(乘, 수레)은 없으며 오직 하나의 불승(一佛乘, 부처가 되는 하나의 수레)이 있을 뿐이라고 했다."

✦ 근기는 개인의 타고난 수행 능력을 말하는데 근기는 사람마다 다르기 때문에 부처님은 같은 내용의 가르침이라도 사람의 근기에 맞게 여러 가지 방편(수단)을 이용해 다양하게 설법했다. 근기가 높은 사람은 법을 깨닫는 능력이 빠르고 뛰어나 단박에 깨달음에 도달하지만 근기가 낮은 사람은 깨닫지 못하는 것이 아니라 깨달음에 이르는 데 단지 시간과 노력이 더 많이 든다고도 말했다.

법달의 질문은 《법화경》 서품에 나오는 "삼승을 찾는 이들이 의문

을 품으면 부처님은 모든 의문을 없애 주신다."라는 부분인데 그 참
뜻을 혜능이 설명해 주고 있다.

삼승은 수행자를 세 부류, 즉 성문승(소승), 연각승(중승), 보살승(대
승)으로 나눈 것이다.

성문승은 부처님을 항상 따라다니면서 부처님의 음성을 직접 듣고
배워서 깨달음을 얻는 수행자다. 성문승에게는 자신의 깨달음이 최
고 목표이므로 자기 수행을 중심으로 삼는다. 연각승은 부처님의 법
문을 듣지만 스승이 없어도 홀로 수행에 전념해 깨달음에 이른 수행
자이기 때문에 '독각'이라고도 불린다. 보살승은 개인의 수행과 깨달
음에 그치지 않고 위로는 보리(깨달음)를 구하고 아래로는 중생을 제
도하겠다는 염원[상구보리 하화중생(上求菩提 下化衆生)]을 세우고 널리
수행하는 자를 말한다. 일반적으로 성문과 연각은 개인의 깨달음에
머물러 있다고 해서 소승으로, 보살은 개인은 물론 전체 중생의 깨달
음을 추구한다고 해서 대승으로 구분한다.

서산 대사는 삼승을 이렇게 비유했다.

"세 종류의 자비의 그물을 가지고 과거·현재·미래의 생사의 바다
에 펼치면 작은 그물로는 조개와 새우를 건지고(성문승) 중간 그물로
는 방어와 송어를 건지고(연각승) 큰 그물로는 고래와 큰 자라를 건
진다(보살승). 그리고 이 모두를 함께 열반의 언덕에 두니 이것이 바로
부처님의 가르침의 순서다."

이렇게 중생의 근기에 맞춰 부처님은 성문승, 연각승, 보살승의 세 가지 수행의 길을 말했지만 깨달음의 길은 궁극적으로 하나이기 때문에 모두 일불승(一佛乘)으로 귀결된다는 것이 혜능의 설명이다. 즉 중생은 누구든지 번뇌와 욕망에 휩싸여 불타는 집(이 세상)에서 살아가지만 실상(자성)은 흰 소가 끄는 수레(최상승)를 타고 있음을 잊지 말라는 경전의 말과 같은 의미다. 흰 소는 사람이면 누구나 본래부터 갖추고 있는 청정한 본성을 말한다. 그러므로 누구나 흰 소의 수레를 타고 깨달음의 저 언덕에 언젠가는 이를 수 있다는 것이다.

"그대는 일불승을 듣고 이불승을 구하여 자성을 미혹되게 하지 말라. 경전 가운데 어디가 일불승에 대한 말씀인지 알려 주겠다. 경전에는 '여러 부처님들이나 석가모니 부처님이 오직 위대한 인연으로 인해 이 세상에 출현하셨다[제불세존 유이일대사인연고 출현어세(諸佛世尊 唯以一大事因緣故 出現於世)].'라고 했는데 이 열여섯 글자(한자)는 참으로 바른 법이다."

✚ 혜능은 한자어 열여섯 글자가 담고 있는 뜻이야말로 《법화경》의 핵심이라고 본다. '여러 부처님들이나 석가모니 부처님[제불세존(諸佛世尊)]이 위대한 인연으로 인해 이 세상에 오셨다.'라는 한 구절의 뜻은 《법화경》 방편품에 좀 더 자세히 나온다.

석가모니 부처님이나 여러 위대한 부처님들께서 이 세상에 오신 것은 중생들이 부처님의 지견(知見, 제대로 알아보는 능력)을 열고 청정함을 얻기를 바랐기 때문이다. 고해에 빠진 중생들에게 부처(깨달음)의 지견을 보여주고 깨달음을 얻게 하기 위해 오셨다는 것이다. 이런 위대한 인연 때문에 여러 부처님들이 이 세상에 나셨다는 사실을 혜능은 법달에게 단단히 일러 주었다.

그 다음으로 혜능은 '부처님께서는 중생들로 하여금 부처의 지견을 열게 하고, 부처의 지견을 나타내게 하고, 부처의 지견을 깨닫게 하고, 부처의 지견에 들게 하기 위해 이 세상에 출현하셨다.'는 구절을 계속 설명한다. 이 말의 뜻은 결국 중생들이 청정한 자기의 본성자리를 깨닫도록 하기 위해 부처가 우리 곁에 왔다는 말이다.

"이 가르침을 어떻게 이해하고 바르게 수행할 것인가? 그대는 내 말을 명심하여 들어라.

사람의 마음은 분별하고 헤아리는 생각(옳다와 그르다, 싫다와 좋다, 곱다와 밉다와 같이 순간순간 어떤 대상에 대해 분별하는 양극단적인 생각)이 없으면 본래 텅 비고 고요하여 삿된 견해를 벗어나 있다. 안으로든 밖으로든 미혹하지 않으면 양극단적인 생각을 벗어나게 된다.

만약 밖으로 미혹하면 모양에 집착하게 되고 안으로 미혹하면 공(空)에 사로잡히게 된다. 모양이 있는 것들 속에서 모양에 사로잡히지 않고 공을 아는 가운데서도 공에 얽매이지 않아야 바로 미혹하지 않은 것이다. 만약 이 가르침을 알고 바로 깨달으면 한순간에 마음이 열려 부처가 된다.

그러면 '마음이 열린다'는 건 무엇을 뜻하는가? 마음의 어떤 것을 여는 것인가? 바로 부처의 지견(知見, 환히 제대로 알아보는 능력)을 여는 것이다. 부처란 곧 깨달음이요, 깨달음은 네 부문으로 나눌 수 있다.

부처의 지견을 열어서, 부처의 지견을 나타내고, 부처의 지견을 깨달아 부처의 지견에 들어가는 것이다."

'열고, 나타내고, 깨닫고, 들어감'이 네 가지는 모두 하나로 귀결되는데, 바로 깨달음의 지견으로 자기의 본래 청정한 성품을 보아[견성(見性)] 부처가 되어[성불(成佛)] 세상에 나오는 것이다. 다시 말해 깨달음의 지견을 열고, 나타내면, 문득 깨달아, 들어가서, 깨달음의 지견이 자기의 본래 참성품임을 알게 된다는 것이다.

혜능 대사가 말했다.

"법달아, 나는 세상 사람들이 스스로 마음속에서 부처의 지견을 열고 중생의 소견을 열지 않기를 바란다. 사람들의 마음이 비뚤어지면 어리석고 미혹하여 죄를 짓고 중생의 소견을 내게 된다. 사람들의 마음이 바르면 항상 지혜롭게 보아 악을 거두고 선을 행하며 부처의 지견을 열게 된다. 중생의 소견을 벗어나 부처의 지견을 열면 바로 속세를 벗어나게 되는 것이다. 그러니 밖을 향해 구하지 말라. 자기 자신은 부처와 더불어 둘이 아니다. 이 때문에 자기 마음속에서 항상 부처의 지견을 열라고 한 것이다.

법달아, 이런 것이 《법화경》에 나오는 일승법의 의미다. 그런데 일승을 삼승으로 나눈 것은 청정한 본성을 알아차리지 못한 미혹한 이들을 위한 방편일 뿐이다. 그대는 오직 일불승의 가르침에 의지해 수행하라."

혜능 대사가 계속 말했다.

"법달아, 마음으로 실천하면 그대가 《법화경》을 굴리지만 마음으로 실천하지 않으면 《법화경》이 그대를 굴릴 것이다. 마음이 바르면 그대가《법화경》을 읽지만 마음이 비뚤어지면《법화경》이 그대를 읽는다. 부처의 지견을 열면 그대가《법화경》을 굴릴 것이요, 중생의 소견을 내면《법화경》이 그대를 굴릴 것이다.

그러므로 한 생각 한 생각 늘 법에 의지해 열심히 수행하면 그것이 바로 경전을 제대로 굴리는 길임을 깊이 명심하라.”

법달은 대사의 말씀을 듣고 그 즉시 깨달아 감격의 눈물을 흘리며 대답했다.

“대사님, 실로 지금까지《법화경》을 스스로 굴리지 못하고 7년 동안《법화경》에게 굴리며 살아왔습니다. 이제부터《법화경》을 제가 굴리며 생각 생각마다 부처님의 길을 실천하겠습니다.”

혜능 대사가 말했다. “부처행을 실천하면 곧 부처이니라.”

그때 자리에 함께 있었던 이들 가운데 깨닫지 못한 사람이 없었다.

그즈음 지상이라는 스님이 조계산에 와서 혜능 대사를 예배하고 가르침을 청했다. 지상은 혜능 대사에게 사승법(四乘法)에 대해 물었다. “부처님께서 삼승을 가르치셨고 또 최상승을 말씀하시어 모두 사승법인데 저는 그 뜻을 알지 못합니다. 부디 저에게 올바른 가르침을 주시기 바랍니다.”

“그대는 자기 마음으로 보아야지 바깥의 법의 모양에 집착하지 말라. 사승법이라는 가르침은 본래 없으며 오직 사람의 마음속에 네 가지 구분이 있을 따름이다.

보고 듣고 읽고 외움은 소승(小乘)이요, 법을 깨달아 그 뜻을 이해함은 중승(中乘)이며 법에 의지해 세상에서 널리 실천 수행하면 대승(大乘)이다. 일체의 가르침에 모두 통달하고 일체의 수행을 실천하며 일체의 것에 얽매임이 없이 법의 모양을 벗어나 어떤 것을 지어도 얻는 바가 없으면 최상승(最上乘)이라 한다.

승(乘)이란 오직 행(行)하는 데 뜻이 있지, 입으로 논쟁하는 데 있지 않다. 그대는 모름지기 스스로 실천 수행할 것이며 나에게 물어서 알기를 바라지 말라. 언제 어디서나 청정한 자기 본성은 있는 그대로 진실이며 이것이 사승법의 참뜻이니라."

3. 신회 스님의 귀의

또 신회라는 스님이 있었는데 원래 하남성 남양 사람이었다. 그는 조계산에 와서 혜능 대사를 예배하고 다음과 같이 물었다.

"스님께서는 좌선하실 때 보십니까, 안 보십니까?"

혜능 대사는 일어나 지팡이로 신회를 세 번 때리고 나서 신회에게 물었다.

"내가 그대를 때렸는데 아픈가 안 아픈가?"

"아프기도 하고 아프지 않기도 합니다."

"나 역시 그렇다. 보기도 하고 보지 않기도 한다."

신회가 다시 물었다. "어찌하여 보기도 하고 보지 않기도 하십니까?"

혜능 대사가 대답했다. "내가 본다고 한 것은 항상 나의 허물을 보기 때문에 본다고 한 것이요, 하늘과 땅과 다른 사람의 허물이나 죄를 보지 않기 때문에 보지 않는다고 한 것이다. 이런 까닭에 보기도 하고 보지 않기도 한다. 그런데 그대는 어찌하여 아프기도 하고 아프지 않기도 하다는 말인가?"

신회가 대답했다. "만약 아프지 않다면 돌이나 막대기같이 느낌이 없는 무정물(無情物, 생명이 없는 것들)이 되고, 아프다고 하면 바로 범부(중생)가 되어 아픔을 준 사람에게 원한을 품게 될 것이기 때문입니다."

혜능 대사가 말했다. "신회야, '본다는 것과 보지 않는다는 것'은 양극단의 견해[양변(兩邊), 중도를 벗어나 어느 한쪽에 치우치는 것을 변(邊)이라고 하는데 양변이란 양극단의 대립을 말함]요, '아프고 아프지 않음' 역시 태어나고 죽는 생멸(生滅)의 견해다. 그대는 자성을 보지 못하면서 감히 와서 사람을 놀리려 하느냐?"

신회는 깊이 사죄하고 예배 드린 후 더 이상 아무 말도 하지 못했다.

다시 혜능 대사가 말했다. "그대의 마음이 미혹하여 자성을 보지 못한다면 반드시 선지식에게 길을 물어서 찾아가도록 하라. 마음을 깨달아 스스로 자성을 본다면 법에 의지해 한결같이 수행하라.

스스로 미혹하여 자기 마음을 보지 못하면서 어찌하여 혜능에게 '보고 보지 않음'을 물을 수 있는가? 내가 보는 것은 내가 스스로 아는 것이다. 그렇기 때문에 미혹한 자네를 내가 대신해 줄 수 없다. 반대로 자네가 자기 자성을 본다 해도 나의 미혹함을 대신해 줄 수 있겠느냐? 스스로 닦지 않으면서 어찌하여 나에게 '보고 보지 않음'을 물을 수 있단 말이냐?"

신회는 깊이 절을 올리며 예를 갖추었고 자신의 어리석음에 대해 용서를 빌었다. 그리고 바로 혜능의 제자가 되어 조계산을 떠나지 않았고 항상 대사 곁에서 스승으로 모시며 수행했다.

✤ 신회는 남종선과 북종선을 구분하고 남종선을 중국 불교의 주류로 만드는 데 절대적인 공헌을 했던 인물이다. 남종의 시조는 혜능이라고 하지만 남종이라는 하나의 종파를 형성하고 북종과 맞서 상대적인 존재로 부각시킨 것은 신회(684~758)의 활약 때문이었다.

신회는 어려서부터 출가하여 수행하다가 혜능의 법이 조계산에서 크게 이름을 떨치자 중년의 나이에 조계산에 왔다고 한다. 낙양의 하택사에 머물며 활동했기 때문에 하택 신회라고 부른다.

신회는 조정의 명을 받아 남양의 용흥사에 머물면서 승려와 사대부들 그리고 일반인들을 널리 가르쳤는데 이를 통해 혜능의 가르침을 중국 각지로 퍼뜨리는 데 기여했다. 신회는 초조인 달마 대사 이후 혜능이 육조로서 선종의 정통을 계승했다는 점을 강조했고 더불어 자신이 육조를 계승한 존재임을 내세우기 위해 북종선을 심하게 비판하기도 했다.

《육조단경》에서 신수를 격하시키고 혜능을 특별히 부각시킨 것도 신회가 《육조단경》을 의도적으로 손을 댔기 때문이라고 연구자들은 말한다. 당대의 유명한 시인 왕유가 혜능의 비문을 찬란하게 지은 것도 신회의 요청에 의한 것이라고 한다. 왕유가 혜능의 비문을 지을 때 혜능을 실제로 친견한 사람은 신회뿐이었고 오직 그의 증언에 의지해 비문을 지을 수밖에 없었기 때문이다.

그러므로 학자들은 《육조단경》 자체가 혜능 사후 신회의 편집에 의해 신회의 뜻이 많이 반영된 작품이라고 본다. 《육조단경》에는 자신의 이름을 밝히지 않고 법해의 기록이라고 했지만 《육조단경》은 혜능의 사상을 신회가 의도적으로 정리한 것이라는 평가가 나오고 있다.

예를 들어 혜능이 홍인 대사로부터 가사를 건네받는 대목이 대표적으로 신회가 만들어 낸 것이라는 지적이다. 혜능이 육조로서 정통선을 계승했음을 내외에 입증하기 위해 가사를 그 증표로 제시한 것이며 이 장면을 신회가 만들어 냈다는 것이다. 신회는 그의 저서 《신회선사어록》에도 혜능이 가사를 증표로 받았다고 기록해 두었다.

그래서 어떤 학자들은 신회를 '남종선의 폭력배 혹은 시비꾼'이라 불렀고 심지어 '남종선의 서자(庶子), 정통을 벗어난 변방의 장군' 등으로 부르며 신회의 정치적이고 세속적인 성향을 비판했다. 실제로 신회가 북종선을 누르고 남종선을 앞세우면서 벌인 현실의 세력 다툼은 선종 본연의 가풍과는 거리가 먼 세속적인 야망으로 비칠 수도 있다.

하지만 이미 선종은 남종과 북종으로 갈라졌고 어느 쪽이 달마를 잇는 정통선인지 시비하는 상황에서 살아남는 것은 현실적인 과제였다. 이런 상황을 감안한다면 신회에 대한 부정적인 평가에도 불구하고 그가 했던 현실적인 역할은 불가피한 면이 있었다. 귀족과 왕실의 지원을 받았던 막강한 북종선과 대결해 새롭게 등장한 남종선을 공고히 하고 이를 정통화하는 작업은 현실적으로 쉽지 않은 일이었을 것이다.

그래서 신회를 비롯한 혜능의 제자들이 《육조단경》을 특별히 강조하고 이를 세상에 널리 전하려고 한 것은 이미 우세한 힘을 발휘하고 있는 북종선을 뒤엎고 남종선을 정통화하기 위해 반드시 필요한 조치였다.

남종선은 극적으로 완성된 선종의 종파다. 혜능이라는 미천한 집안 출신의 무식한 젊은이가 어느 날 불현듯 오조 홍인 대사 앞에 나타나 신수를 비롯한 기존의 흐름을 완전히 바꿔 놓았다. 혜능은 기존의 수행법을 전면 비판하고 돈오와 견성성불이라는 파격적인 주장을 내놓았고 마침내 대중적이고 혁신적인 남종선을 수립했다.

막강한 북종선 세력을 누르고 결국 남종선이 중국의 중심 불교로 자리 잡게 된 과정은 한 편의 드라마를 보는 것 같다. 신회는 이런 남종선을 퍼뜨리기 위해 북종선에 대해 끊임없이 시비를 걸어 그 세력을 깎아내리려고 했던 것이다.

그러므로 신회에 대해 부정적인 평가가 있는 반면 아주 높은 평가를 내리는 학자도 있다. 중국의 근대 사상가 호적은 《신회 스님 유작집》을 지어 신회에 대한 긍정적인 연구 성과를 발표했고 이를 통해 신회를 부각시키기도 했다.

제**6**장

법을 흐르게 하다

제6장_ 법을 흐르게 하다

　이제 혜능은 이승의 삶을 마무리하려고 한다. 더불어 《육조단경》도 막을 내린다.

　말년의 혜능은 법해 등 제자 열 명을 불러와 마지막 설법을 하는데 특히 대중을 교화하는 방법으로 제자들에게 3과의 법문(5음 12입 18계)과 36대법을 가르치며 어떠한 질문에도 이러한 대법을 써서 답하라고 했다. 하지만 대법은 결국 중도(中道)를 알기 위해 나온 것이기 때문에 대법을 통해 실상을 알게 되면 마침내 대법을 극복하고 중도에 도달하게 된다고 본 것이다.

　예를 들어 혜능은 누군가가 '무엇이 어두움이냐?'라고 물으면 밝음이 없으면 어두움이라고 답하라고 했다. 밝음 때문에 어두움이 있고 어두움 때문에 밝음이 있으므로 이들은 서로의 원인이 된다. 이렇게 서로 원인이 되어 오고가는 과정을 통해 '중도(中道)'의 의미가 드러난다. 중도란 대립하는 두 극단을 아우르면서도 두 극단을 벗어나 바르게 가는 길이다.

　혜능은 서기 713년, 8월 3일 76세의 일기로 세상을 떠났다. 돌아가시기 전에 조계산의 보림사에서 신주의 국은사로 옮겨 최후의 설법을 한다. 열반이 다가오자 혜능은 제자들에게 자신의 입멸을 예고했고 제자들이 슬퍼하자 이를 꾸짖으며 자성은 본래 태어나고 사라짐이 없음을 게송으로 정리한다. 제자들은 스승의 뜻을 알아듣고 모두 일어나 예배하며 앞으로 다툼이 없이 열심히 수행 정진하기로 다짐한다.

　혜능은 대범사 설법부터 그동안 했던 법문들을 모아 《육조단경》을 만들고 이를 소중하게 지켜서 널리 중생을 제도하는 데 이용하라고 당부했다. 그리고 앞으로는 가사를 전하지 말 것을 지시하며 혜능 이전의 다섯 조사 스님들이 가사와 법을 전하신 게송을 제자들에게 들려준다.

그리고 제자인 법해가 혜능 대사의 법은 오늘날까지 몇 대에 걸쳐 상속되어 왔는지 묻자 석가모니불이 현세에서 일곱 번째 부처로 나오셨고 자신은 달마(선종의 초조), 혜가(이조), 승찬(삼조), 도신(사조), 홍인(오조)으로 이어진 선종의 역사에서 육조며 불교사 전체에서 사십 대 조사임을 밝힌다.

1. 삼과의 법문, 삼십육대법

혜능 대사는 마침내 열 명의 제자들(법해, 지성, 법달, 지상, 지통, 지철, 지도, 법진, 법여, 신회)을 불러 모아 말했다.

"여러분들은 모두 가까이 오라. 그대들은 이전부터 다른 수행자와 달랐기 때문에 내가 세상을 떠난 뒤 각자 한 지역을 이끌어 가는 스승이 되어야 한다. 이제 내가 대중을 교화하는 방법을 알려 주겠으니 명심하여 언제 어디서나 본래의 마음을 잃지 않도록 하라.

먼저 반드시 삼과(三科)의 법문을 들어서 말해야 하며, 삼십육대법(三十六對法, 여기에서 '대법'은 상호 대립적인 두 개념을 말하며 36대법은 바깥 세계에 5대법+법의 모양에 12대법+자성의 작용에 19대법을 말함)을 사용하여 어떤 일에 들어가고 나감에 있어서 양극단적인 생각[양변(兩邊)]을 벗어나야 한다. 어떤 법을 가르치더라도 자기의 본성 자리를 떠나서는 안 된다.

만약 누군가가 법을 묻거든 모든 말을 상대적으로 구성하여 대법을 써서 말해야 한다. 어떤 것이 들어오고 나가는 것은 서로의 조건(원인)이 되기 때문이다. 그러나 결국에는 대립되는 두 법(두 개념)의 상대성이 사라지고 두 법을 세울 자리마저 사라져 더 이상 갈 곳이 없도록 가르쳐야 한다.

삼과의 법문이란 무엇인가?

음(陰), 계(界), 입(入)을 삼과라고 한다. 일체의 모든 법은 이 세 범주로 분류된다.

음이란 오음(五陰)이요, 계는 십팔계(十八界)며, 입이란 십이입(十二入,

十二處)을 말한다.

오음은 오온(五蘊)과 같으며 존재를 구성하는 다섯 가지 요소의 모음을 말한다. 모든 존재는 다섯 가지 요소의 집합으로 형성, 유지되고 있는데 그것은 색(色, 몸), 수(受, 감각), 상(想, 지각), 행(行, 행동), 식(識, 인식)이다.

십이입은 육경(감각 대상)과 육근(감각 기관)을 합한 열두 가지로 대상을 인식하는 원리에 관한 것이다.

바깥의 육경은 색(色, 모양), 성(聲, 소리), 향(香, 향기), 미(味, 맛), 촉(觸, 촉감), 법(法, 생각)이고 안의 육근은 안(眼, 눈), 이(耳, 귀), 비(鼻, 코), 설(舌, 혀), 신(身, 몸), 의(意, 생각)다.

십팔계는 육경(六境), 육근(六根), 육식(六識, 인식 행위)을 합한 열여덟 가지 원리로 우리의 근본 자성이 육식(안식, 이식, 비식, 설식, 신식, 의식)과 육근(육문)과 육경(육진)을 일으킨다.

자성은 모든 법을 그 속에 포함하고 저장해 두었기 때문에 함장식(含藏識)이라 부른다. 만약 어떤 생각(분별심)을 일으키면 즉시 식(識)이 작동하여 육식이 생기고 육식은 육근으로 들어가서 육경을 보게 된다.

그러므로 십팔계는 모두 자신의 본성으로 인해 작용하는 것이다. 만일 본성이 비뚤어지고 삿되면 십팔계가 삿되게 작용하고, 본성이 바르면 십팔계도 바르게 작용한다. 함장식이 악한 마음을 품고 나타나면 중생이요, 선한 마음을 품고 나타나면 부처다. 그러한 모든 작용은 어디서부터 생기는 것인가? 바로 자기의 본성(자성)으로 대법이 생겨난 것이다.

먼저 외부 세계인 무정(無情, 생명이나 마음이 없는 것들)의 세계에 다섯 가지 대법이 있는데 그것은 하늘과 땅[天地], 해와 달[日月], 물과 불[水火], 차가움과 뜨거움[陰陽], 밝음과 어두움[明暗]이다.

그 다음 만물의 존재 법칙에 따라 열두 가지 대법이 있는데 말과 이치[語法], 있음과 없음[有無], 물체 있음과 물체 없음[有色無色], 모양 있음과 모양 없음[有相無相], 새나감과 새나가지 않음[有漏無漏], 형체와 비어 있음[色空], 움직임과 정지[動靜], 맑음과 탁함[淸濁], 평범함과 성스러움[凡聖], 승려와 속인[僧俗], 늙음과 젊음[老少], 큼과 작음[大小]이다.

또 자성이 작용하여 열아홉 가지 대법이 나타난다.

삿됨과 올바름[邪正], 어리석음과 지혜[痴惠], 우둔함과 슬기로움[愚智], 어지러움과 고요함[亂定], 계율지킴과 어김[戒非], 곧음과 굽음[直曲], 실체와 허상[實虛], 험함과 평탄함[嶮平], 번뇌와 보리[煩惱菩提], 자비로움과 해로움[慈害], 기쁨과 성냄[喜嗔], 주기와 아끼기[捨慳], 나아감과 물러남[進退], 삶과 죽음[生滅], 항상 있음과 덧없음[常無常], 정신적인 몸과 육체적인 몸[法身色身], 다양한 모습의 부처와 공덕이 높은 부처[化身報身], 본체와 작용[本體作用], 자성과 모양[自性相]이 그것이다. 그러므로 바깥 세계인 무정물의 세계에 오대법이 있고 언어와 법의 모양에 십이대법이 있으며 자성의 작용에 십구대법이 있으니 이들을 모두 합하면 삼십육대법이 된다.

혜능이 말했다.

"만약 이 삼십육대법을 알아서 잘 사용하면 모든 경전의 가르침에 통달할 수 있고 들어오고 나감에 양극단적인 견해를 벗어나 온전히 자성이 작용할 것이다. 삼십육대법은 사람들이 말로 대화하는 가운데 나타나니 밖으로는 모양을 보지만 모양을 벗어나고, 안으로는 공(空)을 보지만 공에서 벗어나야 한다. 만약 모양에 집착하면 삿된 견해를 키우게 되고 공에 집착하면 무지몽매함[무명(無明)]만 자라게 되어 결국 경전을 비방하게 되고 마침내 문자는 필요 없다고 하는 지경에 이른다.

그러나 정녕 문자가 소용없다면 사람들이 말도 하지 말아야 한다. 왜냐하면 말이 곧 문자기 때문이다. 문자를 세우지 않는다하여 불립 문자(不立文字)라고 하지만 세우지 않는다고 하는 '불립' 두 글자도 역시 문자다. 말이 곧 문자임을 모른 채 그저 문자를 세우지 않는다고 하는 사람은 남이 무슨 말을 하든 '문자에 사로잡혀 있다'고 비방하곤 한다.

그러므로 여러분들은 명심하라. 스스로 미혹하여 자성을 보지 못함은 어쩔 수 없다 하더라도 부처님의 경전을 비방하는 짓은 있을 수 없는 일이다. 부질없이 경전을 비방하지 말라. 그 죄는 이루 헤아릴 수 없이 크다.

겉모양에 집착하여 밖으로 진리를 구하면서 넓고 근사한 도량을 지어 놓고 있다와 없다를 논한다면 이 같은 사람은 몇 겁의 세월이 흘러도 견성할 수 없다. 여러분들은 다만 법을 듣고 법에 의지해 수행하라.

또한 아무것도 생각하지 않는 것이 수행이라고 착각하지 말라. 그것은 본성을 방해하는 일이다. 만약 바른 법으로 수행하지 않는다면 오히려 사람들에게 삿된 생각만 일으킬 것이다. 오직 법에 따라 수행하고 모양에 걸림이 없이 바른 법을 펼쳐야 한다.

여러분들이 깨달아 이 삼십육대법에 의지해 말하고 이에 따라 가르치고 이에 따라 수행하면 반드시 근본을 잃지 않을 것이다.

만약 어떤 사람이 여러분에게 법을 물을 때, 있음을 물으면 없음으로 대답하고, 없음을 물으면 있음으로 대답하라. 속됨을 물으면 성스러움으로 대답하고 성스러움을 물으면 속됨으로 대답하라. 이렇게 대립된 두 개념은 서로의 조건(원인)이 되기 때문에 저절로 중도의 의미가 드러나게 된다. 하나를 질문하면 다른 하나를 대립시켜 대답하고 다른 것도 모두 그렇게 대응하면 이치를 벗어나지 않을 것이다.

예를 들어 누군가가 '무엇이 어두움이냐?'라고 묻거든 밝음이 없으면 어두움이라고 대답하라. 밝음 때문에 어두움이 있고 어두움 때문에 밝음이 있다. 밝음과 어두움은 서로를 인연(因緣, 원인)으로 해서 생긴 것이다. 그러므로 밝음으로써 어두움을 나타내고 어두움으로써 밝음을 나타내는 것이다.

이처럼 오고가는 것이 서로의 조건(원인)이 되어 중도(中道)의 의미를 만들어 낸다. 그러므로 어떠한 질문에도 반드시 이렇게 대법을 써서 응해야 한다.

앞으로 법을 펼칠 때도 마땅히 여러분들이 서로를 번갈아가며 가르쳐서 근본을 잃지 않도록 하라."

혜능은 열 명의 제자들에게 《육조단경》을 전하면서 법을 상속했다.

"여러분들은 이제 나의 법을 상속받았으니 앞으로 세상에 널리 펼쳐 나가야 한다. 후대의 사람들이 이 《육조단경》을 접한다면 나로부터 직접 가르침을 받은 것과 다를 바 없다. 이 《육조단경》을 공부하면서 그들도 반드시 자성을 볼 것이다."

✛ 삼과법(三科法, 오온·십이입·십팔계)은 우주 만물이 어떻게 존재하며 우리는 우주 만물을 어떻게 인식하는지 말해 주는 불교의 기본 세계관으로 모든 존재는 이 삼과법에 의해 설명된다. 삼과법은 일체의 법에 대해 세 가지 분류법을 사용한 것인데 오온은 우리가 살아가는 모든 상황에 중첩되어 나타나기 때문에 일반적으로 이해하기가 가장 어렵다. 그래서 오온설은 상근기(上根氣)를 위한 설명이며, 십이입설

은 중근기(中根氣)를, 십팔계설은 하근기(下根氣)를 위한 것이라고 평가를 내리기도 한다.

혜능이 삼십육대법을 강조한 것은 세상의 그 어떤 것도 홀로 존재하지 않고 상대와의 관계 속에서 존재함을 보여주기 위해서였다. 그리고 마침내 그 양극단의 상대성을 넘어서야 비로소 사물의 진면목을 본다고 했다.

긴 것은 짧은 것이 있기 때문에 길고, 짧은 것은 긴 것이 있기 때문에 짧다. 절대적으로 길거나 짧은 것은 이 세상에 없다. 그러므로 긴 것이 없으면 짧은 것도 없고 그 반대도 마찬가지다. 어떤 것이나 그 반대의 것과의 관계로 인해 그 존재가 성립하며 모든 대립적인 것들(대법)은 서로 원인(조건)으로 작용한다.

혜능이 삼십육대법으로 중생을 가르치라고 제자들에게 당부한 것은 한 변(극단)은 대립되는 다른 변과의 관계 속에서 나온 것임을 이해시키라는 말이다. 결국 그 상대성을 알면 그것을 넘어선 절대성에 도달할 수 있다는 가르침이다.

"어떤 사람이 와서 너희에게 법을 묻거든 모두 쌍(雙)으로[대법(對法)으로] 대답하고 마침내 두 법을 모두 없애 다시 갈 곳이 없게 하라." 라고도 했다. 쌍으로 말하라는 것은 '있음'을 물으면 '없음'으로 대답해 있다와 없다는 언제든지 상대적인 것임을 가르쳐 주라는 것이다. 다시 갈 곳이 없게 하라는 것은 상대성을 벗어나 절대성에 이른다는 말이다. 중생들은 대부분 무엇을 대하든 선 아니면 악, 너 아니면 나, 옳지 않으면 그르다는 식으로 양극단에 머물러 생각한다. 이런 대립적인 생각은 만물의 실상을 알기 어렵게 하고 무명(無明, 무지함)을 벗어나지 못하게 한다. 혜능은 이런 미혹한 중생의 눈을 뜨게 하고 실상을 보도록 가르치기 위해 쌍으로 대비해서 말하라고 했다.

그리고 대법을 극복하는 길로 혜능은 중도(中道)를 제시했다.

세상의 모든 것은 상대적이기 때문에 영원한 것이 아니며 나타났다 사라지는 것이다. 그러므로 궁극에 가서는 양극단을 버리고 중도를 이루어야 한다는 뜻이다. 한때 옳다고 한 선택이 얼마 후 잘못된 일로 드러날 수 있고, 괴로움이 어떤 계기로 인해 행복으로 바뀐다든지 하는 일들을 우리는 종종 경험하게 된다. 이렇게 서로 대립된 것이 서로 통하는 것임을 알면 양극단을 벗어나 중도를 깨닫게 된다. 혜능은 중도를 벗어난 설법은 바른 법이 아니라고 보았다.

2. 작별을 고하다

혜능 대사는 선천 2년(서기 713년, 당나라 예종 4년) 8월 3일 76세의 일기로 세상을 떠났다. 돌아가시기 전 선천 1년(서기 712년)에 신주 국은사에 탑을 조성하고 선천 2년 7월에 제자들을 불러 모아 작별의 말씀을 나누었다.

✦ 국은사는 광동성 신흥현에 조성된 절인데 혜능의 옛집을 개조해 절로 만들었다고 한다. 생전에 혜능은 소주의 조계사에서 오랫 동안 설법하며 머물렀지만 돌아가실 때는 국은사로 왔다고 한다. 혜능은 입적(스님의 죽음)이 가까웠음을 알고 제자들에게 탑을 조성하도록 했는데 당시에 큰 스님들은 돌아가시기 전에 미리 탑을 세우는 관습이 있었다. 탑은 다비식(스님을 화장함) 이후 나온 유골이나 사리를 안치하는 성스러운 무덤과 같은 것이다.

"여러분들은 좀 더 가까이 오라. 나는 이제 8월이 되면 이승을 하직할 것이다.

여러분들이 법에 대해 조금이라도 의문이 있다면 주저하지 말고 묻기를 바란다. 어떤 의심이라도 모두 해결해서 조금도 미혹함이 없이 모두 평안하도록 할 것이다. 내가 떠난 후에는 여러분들을 이끌어 줄 사람이 없으니 어서 나에게 질문하라."

이 말을 듣고 법해를 비롯한 여러 제자들이 눈물을 흘리며 슬퍼했으나 신회는 마음이 동하는 기색이 없었고 눈물도 흘리지 않았다.

"어린 신회는 좋고 나쁨에 흔들리지 않고 비난이나 칭찬에도 평정을 유지할 줄 아는데 다른 사람들은 그렇지 못하구나. 이런 모습으로 어찌 수년간 산중에서 수행했다고 할 수 있겠는가?

여러분들은 지금 누구를 위해 슬퍼하는가? 만약 내가 어디로 가는지 몰라서 슬퍼한다면 결코 그럴 필요가 없다. 나는 내가 어디로 가는지 잘 알고 있다. 내가 만약 가는 곳을 모른다면 여러분들에게 미리 고별의 인사도 하지 않았을 것이다. 여러분들은 내가 어디로 가는지 모르기 때문에 슬퍼하고 있다. 만약 내가 가는 곳을 안다면 조금도 슬퍼할 까닭이 없다.

일체 만물의 자성에는 태어남도 죽음도 없고 오고 가는 일도 없다. 모두 가까이 앉으라. 내가 게송을 하나 지어 주리라. '진가동정게(眞假動靜偈, 참과 거짓, 움직임과 고요함에 대해 노래함)'라고 한다. 여러분들이 이 게송을 외우고 그 뜻을 바로 안다면 나와 한마음이 될 것이다. 앞으로 이 게송에 의지해 수행하면서 근본을 잃지 않도록 하라."

제자들이 모두 일어나 대사께 예배하고 게송을 청하여 공경하는 마음으로 받아 지녔다.

일체 만물에는 참(眞, 진리)이 없으니
참다움을 찾으려 애쓰지 말라.
혹 참인 듯이 보여도 그것은 참이 아니다.
만약 자신에게 참이 있다면
거짓을 버리는 것이 참이요
거짓을 버리는 그 마음이 바로 참다움이다.
자기 마음의 거짓을 버리지 않으면 참이란 없으니
어디에서 과연 참다움을 찾으랴.

유정(有情, 생명이 있는 것)은 움직이지만

무정(無情, 생명이 없는 것)은 움직이지 못한다.
만약 움직이지 않는 수행을 바란다면 무정과 같은 것이다.
참으로 움직이지 않음을 깨닫고자 한다면
움직임 위에 움직이지 않음이 있음을 봐야 한다.
오직 움직이지 않음에만 집착하면 무정일뿐이요
거기에는 뜻도 없고 부처의 종자도 없으니
능히 사물의 모양을 잘 분별하여 움직이되
근본 뜻은 태산처럼 움직이지 않으니
깨달아 이 도리를 알면 바로 진여(본성)의 작용이로다.

도(道)를 배우는 모든 이들에게 당부하노니
온 힘을 다하여 정진하라.
대승의 가르침을 받아
나고 죽는 생사의 견해에 매달리지 말라.

만약 내 말을 듣고 즉시 알아차리는 이가 있다면
함께 부처님의 법을 논할 것이요
만약 알아듣지 못해도 공손히 합장하고 착한 마음을 내도록 하라.

이 가르침은 본래 다툼이 없으니
만약 다툼을 일으키면 도의 뜻을 잃어버린다.
미혹하여 서로 법문을 다툰다면
자성은 생사의 세계에서 헤어나지 못하리니.

✤ 중생의 마음은 번뇌로 물든 허망한 것이기에 이 허망한 마음에

비친 만물들은 참일 수 없다. 그 속에서 참다움을 찾는 것 자체가 허망한 일이다. 그러므로 참을 찾으려면 내 마음의 거짓을 버림으로써 참됨을 찾으라고 혜능은 제자들에게 가르쳤다.

그리고 움직이지 않음에 집착하여 무조건 오래 앉기를 바란다면 그것은 무정물(생명이 없는 돌이나 나무토막 같은 것)과 다를 바 없다. 중생은 살아 움직이는 유정물이기에 무정물처럼 부동자세로 있을 수 없다. 진정한 부동(不動)은 '움직임 가운데 움직이지 않음이 있음'을 아는 것이다. 신수의 북종선이 좌선을 고집하면서 움직이지 않음에 집착하는 태도를 비판하는 대목이다.

끝으로 혜능은 누구의 법문이 옳다고 다투는 짓은 절대 하지 말라고 제자들에게 당부했다. 《금강경》에도 다툼이 없는 '무쟁삼매'를 말했다. 무쟁삼매(無諍三昧)란 번뇌에 의해 일어나는 어떠한 다툼도 다 벗어나서 참으로 고요하고 평화로운 상태를 말한다. 자성은 본래 청정하여 번뇌에서 일어나는 어떠한 다툼도 있을 수 없기 때문에 스승이 입적한 이후에 앞으로 법문을 서로 다투어 자성을 여의는 일이 없기를 제자들에게 당부했다.

3. 상속

제자들은 스승의 뜻을 알아듣고 모두 일어나 예배하며 앞으로 바른 가르침에 따라 다툼이 없이 열심히 수행하기로 다짐했다. 그리고 대사께서 이제 세상을 하직할 날이 멀지 않았음을 알고 상좌 법해가 앞으로 나와 여쭈었다.

"스승님께서 가신 뒤에 가사와 법은 누가 물려받습니까?"

"내가 대범사에서 설법을 시작한 뒤부터 오늘날까지 했던 법문들을 모아 《법보단경(육조단경)》이란 이름으로 세상에 내놓을 것이다. 여러분은 이를 소중하게 지키고 서로 전수하여 널리 중생을 제도하는 데 이용하기 바란다. 오직 이 《육조단경》에 의지해 중생을 가르치면 그것이 올바른 가르침의 길이다.

내가 세상을 떠난 뒤 20여 년간 삿된 법들이 들고 일어나 나의 근본 뜻을 현혹시키고 문란하게 할 것이다. 그 후 어떤 사람이 나타나 목숨을 아끼지 않고 불법을 바로 잡고 법의 근본을 확립할 것이니 나의 가르침은 황하와 낙수 유역에 퍼져 세상에 널리 보급될 것이다."

✤ 황하강과 낙수강 유역의 땅은 중국의 중심 지역이었다. 혜능이 그동안 남쪽에서 서민 대중들을 교화하고 제자들을 길러 냈지만 앞으로 혜능선은 북쪽 지방에까지 널리 퍼져 온 중국 땅에 보급될 것을 예견하는 대목이다. 그리고 삿된 법이 20여 년간 횡행한 뒤 법을 수

호하기 위해 나타날 인물은 바로 신회를 말하는데 학자들은 신회가
《단경》을 편찬하면서 자신의 역할을 부각시키기 위해 의도적으로 이
구절을 삽입한 것으로 보고 있다.

"그러므로 이제부터 가사를 전하는 것은 옳지 않다. 믿기지 않는다면
먼저 가신 다섯 조사 스님들이 가사와 법을 전하신 게송을 들려주겠다.
먼저 초조이신 달마 대사의 게송에 가사를 전함은 옳지 않다고 했다. 내
가 그 게송을 외어 보겠으니 모두들 잘 들어 보라."

제1조 달마 대사의 게송
내가 본래 이 땅(중국)에 온 것은
법을 전하여 미혹한 중생을 구하기 위함이니
한 꽃송이에 다섯 잎이 피고 열매는 저절로 맺히리라

✤ 여기서 한 송이 꽃은 달마 자신이며 다섯 잎은 이조부터 육조
혜능까지 모두 다섯 조사 스님들을 의미한다. 열매가 저절로 맺힘은
달마의 정통 불법이 육조 혜능에 이르러 융성해지고 뛰어난 제자들
이 많이 나와 불교가 널리 세상에 꽃필 것임을 암시한다.

제2조 혜가 대사의 게송
본래 땅이 있기에 땅에서 씨앗과 꽃이 생기니
본래 땅이 없다면 꽃이 어디서 피어나리오

제3조 승찬 대사의 게송

꽃씨가 비록 땅으로 인해 땅 위에 씨앗과 꽃을 피우나
꽃씨는 본래 태어나는 성품이 없고
땅 역시 태어남이 없도다

제4조 도신 대사의 게송

꽃씨에 태어나는 성품이 있어 땅을 인연으로 꽃을 피우나
앞의 인연이 잘 화합하지 않으면 어떤 것도 태어남이 없도다

제5조 홍인 대사의 게송

유정(생명 있는 것)이 와서 씨를 뿌리니
무정(생명 없는 것)이 꽃을 피우네
뜻도 없고 씨앗도 없으니
마음 바탕에 또한 태어남도 없도다

이제 나(육조 혜능 대사)의 게송을 말하겠다.

마음의 땅에 뜻의 씨앗(불성의 종자)을 품으니
법의 비가 내려 꽃을 피우고
스스로 꽃의 뜻과 씨앗을 깨달으니
보리의 열매가 절로 맺히도다

혜능 대사가 말했다.

"여러분은 나의 게송을 두 개 더 들어 보라. 달마 대사의 게송이 남긴
뜻을 취했으니 미혹한 이들은 이 게송에 의지해 수행하면 반드시 자성

을 볼 것이다."

첫째 게송

마음의 땅에 삿된 꽃이 피어나니, 다섯 잎이 뿌리를 좇아 따르고
함께 무명(無明)의 업(業)을 지어, 업의 바람에 나부낌을 보노라.

둘째 게송

마음의 땅에 바른 꽃이 피어나니, 다섯 잎이 뿌리를 좇아 따르고
함께 반야의 지혜를 닦으니, 앞으로 오실 부처님의 깨달음(보리)이로다.

혜능 대사가 게송을 마친 후 제자들을 해산시켰다. 밖으로 나온 제자
들은 스승이 이제 오래 머무르지 않으실 거라는 걸 알았다.
그 뒤 혜능 대사는 8월 3일 공양 후에 제자들에게 말했다.
"여러분은 차례에 맞춰 앉으라. 이제 마지막 작별 인사를 하겠다."
그러자 제자 법해가 여쭈었다.
"스승님의 법은 예부터 오늘에 이르기까지 몇 대에 걸쳐 상속되어 왔
습니까?"
혜능 대사는 대답했다.
"오랜 과거세로부터 부처님께서 세상에 나타나신 것은 이루 헤아릴
수 없이 많지만 일곱 부처님으로부터 전수되었으니 석가모니 부처님
은 그 일곱 번째로 태어나신 것이다. 석가모니 부처님을 이어 여덟 번째
로 마하가섭 존자가 법을 이었고 그 뒤로 아난존자, 말전지, 상나화수,
우바국다, 제다가, 불타난제, 불타밀다, 협비구, 부나사, 마명 대사, 비
라 장자, 용수 대사, 가나제바, 라후라, 승가나제, 승가야사, 구마라타,

사야다, 바수반다, 마나라, 학륵나, 사자비구, 사나바사, 우바굴, 승가라 수바밀다, 그리고 보리달마(선종 초조), 혜가(이조), 승찬(삼조), 도신(사조), 홍인(오조)에 이어 마지막으로 나 혜능(육조)에게 제사십 대로 전수되었다.

앞으로 여러분들도 서로 믿고 의지하며 대대로 이 가르침을 전하여 불법의 근본을 잃지 않도록 하라."

✢ 석가모니불이 이 세상에 오시기 전에 여섯 부처님이 있었다는 말은 과거세에는 비바시불, 시기불, 비사부불의 세 부처님이 나셨고 현재세에는 구루손불, 구나함모니불, 가섭불의 세 부처가 나셨기에 모두 여섯 부처라는 뜻이다. 그 다음으로 석가모니불은 제칠불로 이 세상에 나오셨다고 한다. 석가모니불 이후 역대 조사들을 계보화 시킬 때는 판본마다 다소 차이가 있다.

여기서는 남종선을 중국의 주류 불교로 키우는 데 가장 공헌한 신회의 입장에 따라 계보를 소개한다. 신회는 혜능이 달마 대사의 정통법을 이은 조사임을 증명하기 위해 732년 마하가섭으로부터 달마 대사까지를 8대로 잡고 그 다음 여섯 조사를 넣어 혜능을 13대라고 한 때 주장한 바 있다. 그 후 내용을 보완해 다시 혜능을 28대로 수정했고, 결국 40대설로 완성하여 《육조단경》에 이를 반영했다. 여기서도 신회의 40대설에 기초해 돈황본에 나오는 마흔 분의 조사를 계보로 인용했다.

4. 해탈의 노래

제자 법해가 다시 여쭈었다.

"스승님께서 이제 가시면 어떤 법을 남겨 후손들이 자성을 보도록 하시겠습니까?"

"잘 들어라. 후세에 미혹한 사람이 중생을 바로 알면 능히 부처를 볼 것이요, 만약 중생을 바로 알지 못하면 억만 겁이 지나도 부처를 보지 못할 것이다.

여러분들이 중생을 알고 부처를 보도록 하기 위해 '견진불해탈송(見眞佛解脫頌, 참부처를 보는 해탈의 노래)'을 남길 것이다. 미혹하면 부처를 보지 못하지만 깨달으면 바로 부처를 볼 것이다."

"저희들이 스승님의 해탈송을 듣고 널리 전수하여 세세생생 끊이지 않게 하겠습니다."

"잘 들으라. 여러분들을 위해 다시 한 번 말하겠다. 후세 사람들이 부처를 찾고자 한다면 오직 자기 마음의 중생을 알아야 한다. 그러면 능히 부처를 볼 것이다. 본래 부처란 중생으로부터 비롯된 것이니 중생을 떠난 부처의 마음은 있을 수 없다."

미혹하면 부처가 중생이요
깨달으면 중생이 부처다.
어리석으면 부처가 중생이요
지혜로우면 중생이 부처다.
마음이 험악하면 부처가 중생이요

마음이 평정하면 중생이 부처다.
한평생 마음이 험악하면 부처가 중생 가운데 있고
한 생각 깨우쳐 마음이 평정하면
중생이 스스로 부처이니
내 마음에 부처가 있도다.
자기 안의 부처가 진짜 부처라
만약 자기에게 부처의 마음이 없다면
어디를 향해 부처를 구하리요.

혜능 대사가 말했다.

"모두 잘 있거라. 이제 마지막으로 '자성진불해탈송(自性眞佛解脫頌, 자성
이 해탈한 참부처임을 노래함)'을 남기려 한다. 여러분의 마음이 바로 부처이
니 밖에서 찾을 것은 하나도 없다. 만 가지 법이 모두 마음으로부터 나
온다. 경전에도 '마음이 생기면 온갖 것이 생겨나고 마음이 소멸하면 온
갖 것이 소멸한다.'라고 했다. 후대에 미혹한 이들도 이 게송의 참뜻을
알고 자성을 바로 보면 스스로 깨달음의 길을 성취할 것이다."

있는 그대로 깨끗한 성품이 참다운 부처요
삿된 견해와 삼독(욕심, 성냄, 어리석음)은
마군(魔軍, 수행을 방해하는 악마)이라네.
삿되고 미혹할 땐 마왕이 집에 있고
바른 생각 지니면 부처가 찾아오네.
본성 가운데 삿된 생각이 삼독을 만들어
마왕을 집 안에 불러들이니
바른 견해로 삼독을 물리치면

마왕이 부처되어 거짓 없이 참되리라.

법신, 보신, 화신

이 삼신은 본래 한 몸이니

자성 가운데서 스스로 깨달음을 구하면

부처를 이루는 씨앗이니라.

본래 화신으로부터 청정한 자성이 생기니

청정한 자성은 늘 화신 가운데 있고

자성이 화신에게 바른 길을 행하게 하면

장차 원만하여 참다움의 끝이 없도다.

음욕(婬慾, 성적인 욕망)은 본래 청정한 몸을 낳은 씨앗이니

음욕을 없애면 청정한 몸도 사라진다.

다만 자성 가운데 있는 다섯 욕망(재물욕, 색욕, 식욕, 명예욕, 수면욕)을

스스로 벗어나 문득

찰나에 성품을 깨치면 그것이 곧 참다움[眞]이로다.

만약

금생에 단박에 깨닫는 돈오법을 만나

홀연히 자성을 보면 눈앞에 바로 세존(부처)을 볼 것이요

만약

점차로 수행하여 부처를 찾는다면

어디서 참부처를 만날 수 있으리요.

만약

자기 몸 가운데서 참다움을 본다면

그 참다움이 곧 성불의 씨앗이요

스스로 참다움을 구하지 않고 밖으로 부처를 구한다면

모두 어리석은 이들이로다.

이제 여기 돈오의 법문을 남기니

세상 사람들을 구제하고 스스로 힘써 닦으라.
도를 배우는 이들에게 당부하노니
이러한 가르침을 따르지 않는다면
실로 부질없는 일이로다.

혜능 대사가 게송을 마친 후 제자들에게 말했다.

"모두들 잘 있어라. 이제 여러분과 작별할 시간이다. 내가 떠난 뒤에 세속의 인정으로 슬피 울거나 사람들의 조문을 받거나 돈이나 비단을 받지 말고 상복을 입지도 말라. 그런 짓은 성인의 도리가 아니며 나의 제자라고 할 수 없다.

내가 살아 있을 때와 마찬가지로 모두 단정히 앉아서 움직임도 고요함도 없이, 태어남도 죽음도 없이, 가는 것도 오는 것도 없이, 옳음도 그름도 없이, 머무름도 떠남도 없이, 아무 걱정 없이 적정(寂靜, 고요한 열반의 경지)하면 이것이 큰 도(道)이니라.

내가 떠난 후 오직 이 법에 의지하여 수행하면 내가 있을 때와 다름이 없겠지만 내가 세상에 머문다 해도 여러분이 이 가르침을 따르지 않는다면 무슨 의미가 있겠는가?"

이렇게 말을 마친 후 깊은 밤 삼경(밤 11시~새벽 1시)에 혜능 대사가 눈을 감으니 세상의 나이 76세였다.

혜능 대사가 돌아가신 날 절에는 기이한 향내가 가득해 여러 날이 지나도 향기가 흩어지지 않았고 산이 무너지고 대지가 진동하며 흰 무지개가 나타나 나무숲은 하얗게 변했다. 해와 달은 빛을 잃었고 바람과 구름도 기운을 잃었으며 사슴 떼의 울음소리가 밤이 이슥하도록 그치지 않았다.

8월 3일 돌아가시고 동짓달(11월)에 제자들이 대사의 영구(靈柩, 시신을 안치한 관)를 모시고 조계산에 가서 장사를 지냈다. 그때 감실[龕室, 불상이나 신주(神主)를 안치하기 위해 석굴이나 고분의 벽 가운데를 깊이 파서 만든 공간]에서 흰빛이 쏟아져 나와 하늘을 향해 솟아오르더니 이틀 만에 비로소 흩어졌다. 소주 자사 위거는 이 상서로운 현상을 조정에 고하여 왕의 칙명으로 대사의 공덕비를 세우고 오래 공양하며 받들게 했다.

후기

이 《육조단경》은 제자인 법해 스님이 모아서 기록한 것이다. 법해 스님은 본래 소주 곡강현 사람이다. 법해 스님은 돌아가실 때 혜능의 문하에서 같이 배운 도제 스님에게 《육조단경》을 물려주었고 도제 스님이 돌아가실 때는 도제의 제자 오진 스님에게 물려주었다. 오진 스님은 이제 영남의 조계산 법흥사에서 이 법을 이어받았다.

만약 이 법을 물려받고자 한다면 반드시 상근기(최고의 수행 능력을 갖춘 사람)의 지혜가 있어야 하며 마음으로 불법을 믿어 큰 자비를 세우고 《육조단경》에 의지해 부단히 수행해야 할 것이다. 석가모니 부처님이 열반하시고 그 가르침이 동으로 흘러와 머무름 없이 전해지니 내 마음도 머무름이 없도다.

무릇 중생을 구제하기를 서원하고 수행을 거듭하여 고난을 만나도 물러서지 않고 괴로움을 만나도 능히 참아내 복과 덕이 두터운 사람이어야만 이 법을 오래 전할 것이다.

만약 이를 감당할 수 없는 근기를 지녔거나 재능이 부족한 사람에게는 아무리 이 법을 구해도 함부로 《육조단경》을 전하지 말라. 오직 도를 같이 하는 분들에게 알려 비밀한 뜻을 전하도록 하라.

《육조단경》, 돈오와 견성성불의 가르침

1. 《육조단경》의 탄생과 그 역사적 배경

(1) 보리달마가 동쪽으로 오다

원래 선(禪) 수행은 불교가 성립되기 이전부터 인도에서 극심한 더위를 피해 나무 그늘 아래에서 명상의 방법으로 시작되었다. 석가모니 부처님도 보리수나무 아래에서 선정에 들어 깨달음을 얻었다. 그이후 생각을 가라앉혀 마음을 한 곳에 모으는 선 수행은 어느 특정 종파에서만 추구한 수행법이 아니며 불교의 기본적인 특징이 되었다.

하지만 본격적으로 선 수행을 실천하는 선종은 중국 남북조 시대에 보리달마 대사(이하 달마)가 인도에서 동쪽 나라인 중국으로 와서 생긴 것으로 본다. 달마는 인도 남천축국의 왕자로 태어나 출가하여 석가모니 부처님 이후 27대 조사가 되었고 "중국에 가서 법을 펼치라."는 스승의 뜻을 받들어 중국으로 와서 선 불교의 첫 번째 조사(초조)가 되었다.

처음에 달마는 북위(北魏)의 도읍 낙양에 갔다가 그 후 숭산 소림사에서 좌선 수행하며 정진한 것으로 전해진다. 그는 당시 중국(북위 말기) 불교가 너무 귀족적이며 수행 체험을 도외시하고 강의나 해설에 치중하는 경향을 엄격히 비판했다. 이 때문에 당시 교종 중심의 불교계로부터 선종은 많은 비방을 받기도 했다.

중국의 수나라에서 당나라 초기까지는 정교한 이론 체계를 갖춘 천태종이나 화엄종과 같은 교종 불교가 중국 불교의 중심이었다. 선종은 이러한 교종 불교에 대항하며 당나라 초기부터 활약하기 시작해 육조 혜능이 등장한 이후에 본격적으로 그 세력을 확대했다.

달마 이후 혜능까지 약 200년이 중국 선종의 성립 시기였다면 혜능 이후 남송 말까지 약 600년간은 선종이 발달하고 성숙하는 시기였다. 혜능선의 등장으로 그동안 인도적인 색채가 다분하던 중국 불교가 진정한 중국 불교로서 자기 성격을 확립하게 되었고, 선종은 중국뿐 아니라 한국, 일본 등 주변 아시아로 퍼져나가 동양의 사상과 문화에 많은 영향을 미치게 된다.

초조 달마 이후 이조 혜가, 삼조 승찬, 사조 도신, 오조 홍인에 이어 달마의 선종은 육조 혜능에게 이어졌다. 특히 혜능은 선종의 역사에서 가장 중요한 저술 가운데 하나인 《육조단경》을 통해 선 불교를 온 세상에 전파함으로써 중국사에서뿐 아니라 세계사적으로도 불후의 자취를 남기게 되었다. 따라서 중국의 선종은 달마 대사로부터 시작되었지만 실질적으로 육조 혜능으로부터 열렸다고 해도 과언이 아니다. 혜능을 기점으로 그 문하에 많은 기라성 같은 제자들이 배출되었고 그들이 종횡무진 활약함으로써 선 사상은 중국뿐 아니라 주변 아시아 국가에서 화려한 꽃을 피웠다. 그러므로 혜능은 선종의 역사에서 큰 획을 긋는 중대한 역할을 했다.

(2) 《육조단경》의 탄생과 그 의미

《육조단경》은 8세기 당나라 후기에 만들어졌는데 안사의 난(755~763, 약 9년간 안녹산·사사명이 주동이 되어 일으킨 난)이 일어나 중국 사회가 정치·사회적으로 큰 혼란을 겪던 시절이었다.

돌궐 등 이민족의 침략으로 국력이 크게 약화된 당나라는 현종 말기부터 각지에서 반란이 일어났다. 특히 영향을 크게 미친 안사의 난으로 중앙 정부의 통치력은 급속히 약화되었고 많은 백성들은 살기 힘든 조건에서 소작농으로 전락했다. 반란을 진압하는 과정에서 지방의 절도사들이 군사력을 장악하며 급속히 세력을 키웠고 이에 따라 지방 분권화 현상은 강화되고 반대로 종래의 중앙 집권 체제는 급속히 무너졌다.

중앙 집권 체제의 약화로 귀족 세력은 타격을 받고 지방의 토착 세력과 상인들이 결합하여 정치·경제적으로 힘을 얻게 되자 문화적으로도 근본적인 변화를 겪는다. 이런 역사적인 전환기에 쓰인 《육조단경》은 중국 불교의 역사에 중대한 전환점으로 작용하는 변화를 가져왔다. 귀족들이 중심이 되어 경전이나 교리 중심으로 수행해 오던 기존의 교종 불교를 극복하고 선종이 널리 보급되면서 누구나 일상생활 속에서 실천하는 불교로 성격이 변화되었다. 경전의 이해를 강조하는 교종에 비해 선종은 언어나 문자를 넘어 실천 수행을 통해 누구나 깨달음을 얻을 수 있음을 가르쳤다.

당시 귀족이나 왕실의 비호를 받던 법상종, 화엄종 같은 종파들은 중앙 정치권력이 무너지면서 함께 쇠퇴했고 선종은 새로운 정치세력으로 부상한 지방의 절도사나 신흥 관료들의 지원을 받으며 중국 불교의 새로운 흐름으로 부상하게 된다.

혜능 이후 불교는 정치 제도의 틀에 갇혀 귀족 중심으로 운용되던 기존의 모습을 탈피하고 대중 속으로 들어가 생활 속에서 살아 숨 쉬는 불교로 완전히 변신한다. 혜능은 기득권을 가진 왕실, 귀족, 교종 등의 세력과 단호히 결별하고 민주적이고 평등한 새로운 대중 불교의 시대를 열었다.

(3) 《육조단경》과 한국의 선종
한국 불교는 통일 신라와 고려 시대까지는 선종과 교종이 양립하다가 조선 시대의 불교 침체기를 거친 후 점차 선종이 우세해져 오늘날은 거의 선종으로 통일되었다.

신라 하대 헌덕왕 때 도의 선사가 당나라에 가서 선법(禪法, 참선하는 법)을 배워옴으로써 우리나라에도 마침내 선종이 도입되었다. 그 후 당나라로 유학하는 선사들이 늘어나고 그들이 혜능의 남종선을 배워 와 신라 사회에 뿌리를 내리면서 신라의 선종도 지리산, 가지산 등 아홉 군데를 중심으로 구산선문(九山禪門)을 이루어 번창하게 된다.

신라 하대에는 당나라와 상황이 비슷하게 중앙 집권 세력의 힘이 약화되면서 귀족 중심의 교종이 쇠퇴했다. 동시에 지방에서 새롭게 성장한 호족의 후원을 받으며 선종이 부상했다. 남종선의 영향으로 선종은 경전이나 교리에 얽매이지 않고 마음에서 깨달음을 추구했고 일상의 수행을 강조함으로써 신라 불교계에도 일대 혁신의 바람을 일으켰다.

우리나라 선종의 대표격인 조계종에서는 신라 하대에 선종이 보급된 이래로 고려의 보조 국사 지눌에 의해 조계종이 다시 일어났다고 본다. 고려 시대에 대각 국사 의천이 송나라에서 천태종을 도입하자 선종은 천태종과 구분하여 자신을 조계종으로 분리했다. 고려 전기에는 교종과 선종이 함께 융성했지만 점점 선종의 힘이 약화되자 지눌은 수선사라는 단체를 결성해 선종을 중흥시켰고 고려 말기에 태고 보우는 구산선문을 통합해 선종 불교를 다시 한 번 일으키려고 노력했다.

우리나라에서 《육조단경》과 특히 인연이 깊었던 인물은 보조 국사 지눌(1151~1210)이다. 그는 《육조단경》을 스승으로 삼아 수행했다고 스스로 밝혔고 실제로 《육조단경》의 한 구절(육근이 비록 보고 듣고 깨달아 알지만 어디에도 물들지 않으며 참된 본성이 항상 스스로 존재한다)을 읽고 크게 깨달음을 얻었다고 한다. 특히 지눌은 그의 나이 50세 때(1207) 덕이본 《육조단경》의 끝에 발문을 지어 붙이기도 했다. 그는 발문에서 "《육조단경》은 내가 평생을 두고 배우고 닦아가는 데 큰 귀감이 되는 책이다. 이를 간행하여 후세에 오래 전하려 한다니 내 마음이 무척 유쾌하다. (중략) 이 한 권의 훌륭한 책을 읽고 사람들이 공부(수행)를 계속해 나간다면 긴 세월을 거치지 않고 속히 보리(깨달음)를 얻게 될 것이다. 그러니 어찌 이 책을 간행하여 세간에 유행시켜 큰 이익을 얻게 하지 않겠는가."라고 했다.

이렇게 《육조단경》은 한국 불교계에 일찍이 유포되어 수행의 지침서 역할을 해 왔다. 그래서 한국식 판본들도 여럿 등장했는데 그 가운데 보광사판, 해인사판, 봉은사판 등이 오늘날까지 전해 온다. 우리나라에서도 《육조단경》의 가치는 높이 평가되어 필요에 따라 수시로 조판하고 인쇄해서 사람들 사이에 널리 유포해 온 것으로 보인다.

오늘날 우리나라 조계종이라는 이름도 혜능이 살던 조계산의 이름을 따서 지은 것이다. 우리나라 조계종은 혜능에게 최초로 깨달음의 눈을 뜨게 해 주었던 《금강경》을 소의 경전(믿고 의지하는 기본 경전)으로 삼고 있으며 《육조단경》을 그만큼 중요하게 받들고 있다.

한국이나 중국과 달리 오늘날 일본에서는 《육조단경》을 그다지 중시하지 않는다. 일본 불교는 혜능의 제자 가운데 한 사람이었던 청원 행사 스님으로부터 기원한 조동종이 중심이다. 이들은 화두 없이 묵묵히 바라보는 묵조선 수행을 하기 때문에 견성성불을 강조하는 《육조단경》과는 거리가 있다. 한국은 고려의 보조 국사 지눌이 견성성불을 강조했던 전통을 이어받아 《육조단경》을 여전히 매우 중시하고 있다.

(4) 《육조단경》의 여러 판본들

《육조단경》은 현재 여러 판본들이 남아 있는데 그 이유는 처음부터 혜능에 의해 간행된 것이 아니라 생전에 혜능이 했던 설법을 제자들이 정리해 여러 대에 걸쳐 손으로 베끼며 전수해 왔기 때문이다. 돈황본 《육조단경》에는 혜능이 입적하기 전에 제자들에게 《육조단경》을 반드시 전수하여 남종의 제자로 삼으라고 당부하는 장면이 나온다. 그리고 실제로 《육조단경》을 전수한 제자들의 이름이 나열되어 있다.

또 신수파와 대립했을 때 신수를 격하시키기 위해 의도적으로 만든 판본들이 유행했을 수도 있다. 그 후 신수와의 대결이 마무리되자 그동안 난립하며 유행했던 여러 본들을 정리해서 지금의 몇 가지 형태로 남게 된 것으로 보인다.

현재 남아 있는 《육조단경》은 돈황본, 흥성사본·대승사본·덕이본·종보본 등이 있다. 그 가운데 덕이 스님과 종보 스님이 그동안 흩어져 다양하게 존재하던 《육조단경》들을 종합해 가장 긴 덕이본(1290)과 종보본(1291) 《육조단경》을 완성했다. 이들은 지금까지 남아 있는 판본들 가운데 가장 나중에 완성된 판본으로 보인다. 우리나라에서도 한때 덕이본이 많이 읽혔는데 탄허 스님이나 광덕 스님이 덕이본 《육조단경》을 한글로 번역했다.

그런데 20세기 초 중국 돈황의 막고굴을 발굴하는 과정에서 돈황본 《육조단경》이 출토됨으로써 다시 《육조단경》은 진위 논란에 휩싸였다. 돈황본 《육조단경》은 천여 년 동안 사람들의 손길이 닿지 않는 막고굴 안에서 비밀스레 잠겨 있다가 세상에 그 모습을 드러냈다.

돈황본은 현존하는 여러 판본들 가운데 육조 혜능의 뜻을 가장 오랫동안 가감 없이 간직한, 원형에 가장 가까운 《육조단경》이라는 평가를 받고 있다. 중국의 근대 사상가 호적은 돈황의 동굴에서 《육조단경》을 비롯한 많은 불교 사료들이 발견되자 선(禪)의 역사를 다시 써야 한다고 주장했다. 호적은 가장 오래된 돈황본이 그동안 많은 위작 시비와 시끄러운 논란을 잠재우고 혜능의 뜻을 가장 잘 전한 《육조단경》이라고 평가했다. 우리나라에서도 성철 스님과 청화 스님이 돈황본 《육조단경》을 한글로 번역했다.

돈황본은 현재까지 알려진 판본들 가운데 가장 오래된 것이기 때문에 혜능의 본래 뜻을 가장 잘 간직한 것으로 평가 받고 있다. 하지만 돈황본 《육조단경》은 오자와 탈자가 많고 내용이 간략해서 중요한 부분이 누락되었다는 비판도 동시에 받는다. 혜능의 제자인 남양 혜충은 돈황본 《육조단경》을 비판하면서 "비루한 이야기를 덧붙여 섞어 놓았고 대사의 높은 뜻을 삭제하여 오히려 후학들을 혼란시키며……결국 우리 종(남종선)은 죽어 버렸다."라고 심히 개탄한 적이 있다.

이렇게 혜능 사후에 《육조단경》이 전수되어 오는 과정에서 조금씩 내용이 첨가되거나 개작되었고 여러 판본들이 난립하면서 《육조단경》은 비난과 칭송을 동시에 받는 책이 되었다. 당나라 말기, 오대십국, 요나라 시절 등 몇몇 기간에는 믿을 수 없는 위경이라 하여 단경을 불태우는 사건도 있었다. 우리나라의 대각 국사 의천도 그런 삿된 책은 불태우기를 잘했다고 평가했을 만큼 《육조단경》은 논란과 문제의 한가운데 있었던 책이다.

9세기 초에 씌어진 《보림전》과 더불어 《육조단경》은 위작 문제로 비난의 한가운데 섰던 경험이 있지만 뒤집어 보면 그만큼 많은 사람들에게 주목 받고 읽힌 책이라고 할 수 있다. 《육조단경》을 빼놓고 선종의 역사를 논할 수 없다고 할 만큼 불교 역사에서 중요한 책이기 때문이다. 오늘날까지도 동서양을 막론하고 《육조단경》에 대한 많은 논문들이 나오고 있고 서양에서도 선 사상이 점차 보급되면서 《육조단경》에 대한 관심은 세계적으로도 높아가고 있다.

원래 불교에서는 석가모니 부처님의 말씀을 정리한 책에만 '~경'이라고 이름 붙인다. 하지만 중국 전통에서는 유명한 성현들의 글에도 '~경'이라는 이름을 붙여 주었다. 혜능의 설법 내용을 《육조단경》이라 이름 붙인 것은 《육조단경》이 선종의 역사에서 그만큼 막중한 위치를 차지하고 있기 때문이다. 더불어 중국 불교의 성격이 분명해지면서 이런 중국 문화의 배경이 작용하기도 했다고 한다.

2. 육조 혜능의 생애

(1) 출생에서 출가까지

혜능의 생애(638~713)에 대한 확실한 역사적인 기록은 남아 있지 않다. 《육조단경》에 대해 위경이란 논란이 있듯이 혜능의 생애에 대해서도 확인이 불가능한 여러 이야기들이 전해 오기 때문에 어느 것이 진정한 혜능의 전기인지 알 길이 없다. 다만 비문이나 책 속에 묘사된 내용들을 종합해 우리는 혜능의 삶을 추측하고 그려 낼 뿐이다. 덕이본 《육조단경》에는 기록자인 법해의 목소리를 통해 혜능의 생애가 간략히 소개되어 있다. 이들을 참고해 혜능의 생애를 그려 본다.

혜능의 아버지는 노씨에 이름은 행도였고 어머니는 이씨였다. 중국 당나라 시절이었던 638년 2월 8일 자시(밤 11시에서 새벽1시 사이)에 혜능이 태어났다. 이때 상서로운 광명이 하늘에 떠오르고 신묘한 향기가 방 안에 가득했다고 한다. 또 다른 기록에는 어머니 이씨가 뜰 앞에 하얀 꽃들이 다투어 피어나고 새하얀 학 한 쌍이 날아가는 꿈을 꾼 뒤 혜능을 임신했다고 한다. 마치 석가모니를 임신할 때 마야 부인의 겨드랑이에 하얀 코끼리가 들어갔다는 꿈을 연상시킨다.

혜능의 탄생일도 마찬가지다. 요즘은 석가 탄생일을 음력 4월 8일로 경축하지만 석가모니불도 2월 8일 자시에 태어났다는 주장이 있다. 혜능이 석가모니불과 같은 날 같은 시간 대에 탄생했다는 것은 상징적이다. 모두가 잠든 캄캄한 밤에 신새벽의 기운이 조금씩 움트는 무렵에 탄생했다는 것은 무지하고 어두운 세상에 새로운 광명을 알리는 신호와 같다.

날이 밝자 어딘가에서 스님 두 분이 나타나 혜능의 아버지에게 "지난 밤에 태어난 아기의 이름을 위의 자는 혜(慧), 아래 자는 능(能)이라고 하십시오. 혜는 중생들에게 법을 은혜로이 베푼다는 뜻이고, 능은 능히 부처의 임무(중생을 제도함)를 수행한다는 뜻입니다."라고 이름을 지어준 뒤 어디론가 사라졌다. 이 또한 예수 탄생 때 동방 박사 세 사람이 나타난 장면을 연상시킨다.

혜능의 아버지는 북경 근처 하북성의 범양 사람이었다. 거기서 관직 생활을 하다가 영남 지역 신주로 좌천된 후 평민이 된 것으로 보인다. 혜능의 나이 3세 즈음에 아버지가 일찍 돌아가시고 혜능은 홀어머니와 함께 오랑캐 지역이라고 홀대 받던 광동성 남해로 다시 이주해 땔나무를 해서 장에 내다팔며 가난하게 살았다.

어릴 때 혜능의 모습은 당나라 시인 왕유의 《육조혜능선사비명》에 짧게 묘사되어 있는데 "착한 습관이 놀이에서도 나타나고 날카로운 근기(수행자의 능력)가 어린 마음에 싹텄다. 농사일을 좋아하고 오랑캐의 저속한 습속에 물들지 않아 남들이 흠모하는 착한 행동을 했다." 라고 한다. 어리지만 혜능은 순수한 마음과 뛰어난 지혜를 갖춰 미개한 오랑캐 지역에서 살았지만 나쁜 습속에 물들지 않는 비범함이 있었던 것 같다.

혜능의 나이 24세 즈음, 마침내 혜능의 생애를 바꾸어 놓을 역사적인 사건이 일어났다. 평소처럼 땔감을 주문한 사람에게 나무를 갖다주고 돌아 나오는데 누군가 읽는 《금강경》 소리를 듣는다. 혜능은 그 구절을 듣자마자 즉시 마음이 밝아지면서 단박에 깨달았다. 《금강경》 제10분에 나오는 "마땅히 머무는 바 없이 그 마음을 내라[응무소주 이생기심(應無所住 而生其心)]."라는 구절이었다.

그는 《금강경》을 독송한 사람으로부터 오조 홍인 대사와 그 제자들이 황매현 동쪽 빙무산에서 수행 정진하고 있음을 들었다. 오랜 전생으로부터 불법과 인연이 깊었던 혜능은 그 말을 듣고 즉시 어머니에게 하직 인사를 올리고 홍인 대사를 찾아간다. 이때 땔나무를 샀던 손님은 열 냥을 주며 홀로 남은 노모의 생계를 도왔다고 한다.

(2) 육조가 되어 은둔하다

선종의 시조인 달마로부터 이조 혜가, 삼조 승찬까지는 주로 양자강 이북의 북쪽 지방에서 법을 펼쳤다. 오조 홍인은 양자강 중류 지역인 황매현에서 큰 수행 가문을 이루었는데 혜능이 그 문하에 들어갈 당시 제자 천여 명이 함께 수행하고 있었다고 한다.

홍인 대사와의 첫 대면에서 혜능은 바로 그의 뛰어난 근기를 보여 준다. 영남의 오랑캐 출신이(비천한 계급 출신이) 무슨 일로 찾아왔느냐는 홍인의 질문에 "사람에게는 남북이 있지만 불성에는 남북이 없다."라고 답함으로써 그의 비범함을 보이며 스승의 마음을 사로잡았다.

홍인으로부터 한눈에 큰 그릇임을 인정받은 혜능은 그의 문하에 들어가 약 8개월간 방아 찧고 물 긷는 허드렛일을 하며 행자 생활을 시작했다. 이때 혜능은 몸이 가벼워 스스로 큰 돌을 허리에 매서 방아의 무게를 더하려고 했고 이 때문에 허리와 다리가 무척 아팠다고 한다. 그런데도 홍인 대사가 가서 아픈 곳이 없는가 묻자 "몸이 있다고 생각하지 않는데 어찌 아픔이 있다고 하겠습니까."라고 답해 원숙

해진 수행 경지를 드러냈다.

당시 홍인 대사의 가풍은 숙연하고 청정하게 앉아서 구술로써 해설하며 글로 남기지 않았고 침묵 속에서 가르쳤다고 한다. 왕유는 《육조혜능선사비명》에서 법문을 듣는 혜능의 모습을 이렇게 적고 있다.

"홍인 대사가 자리에 오르면 온갖 대중들이 안마당을 가득 메웠는데 그 가운데 혜능은 묵묵히 법문만 들을 뿐 한 번도 자기 의견을 말한 적이 없다. 평소의 생활은 극히 고매한 무아의 경지였고 향상심이 강해 자기가 얻은 깨달음에 만족하지 않고 누더기 옷을 걸친 채 늘 수행 삼매로 정진했다. 다른 제자들은 모두 강한 자부심을 품고 있었지만 혜능은 그들과 달랐다. 진실로 해탈의 경지에 도달했지만 늘 겸손했고 혜능은 이를 조금도 내색하지 않고 있음을 스승 홍인 대사는 알았다."

8개월간 그를 관찰하며 지도한 홍인은 혜능에게 법통을 상속하기로 결심하는데 거기에 결정적인 사건이 있었다. 당시 홍인의 문하에는 탁월한 제자 10여 명이 있었는데 그 가운데 신수가 제일 인정받고 있었다.

하루는 홍인이 제자들에게 벽에다 게송을 지어 붙여 각자 그동안 수행한 경지를 드러내고 공식적으로 점검을 받으라는 분부를 내렸다. 스승의 분부가 떨어지면서 학식이 높고 만인으로부터 인정받는 신수와 무식한 신참 행자 혜능의 대결이 본격화된다.

신수는 스승이 어떻게 자신을 평가할까 우려하며 번민 속에서 게송을 붙였지만 홍인은 아직 깨달음의 문 안에 들어오지 못한 게송이라고 평했다. 다시 한 번 더 게송을 붙일 기회를 주었지만 신수는 해내지 못했다. 방앗간 주위에서 신수의 게송을 한 동자가 흥얼거리는 소리를 듣고 혜능은 사태를 파악했고 그 역시 게송을 지어 벽에 붙였다.

홍인은 두 사람이 지은 게송을 비교해 보고 혜능의 탁월함을 완전히 인정했고 선종을 잇는 육조로 삼기로 결심했다. 하지만 주위 사람들로부터 시기와 비난을 살 것이 우려돼 겉으로는 혜능도 아직 부족하다고 말한다.

하지만 홍인은 야밤에 몰래 혜능을 불러내 3일 정도 함께 이야기하며 그의 막힘없는 깨달음을 확인했고 가사와 발우를 징표로 주면서 선종의 법통을 그에게 전했다. 초조 달마 → 이조 혜가 → 삼조 승찬 → 사조 도신 → 오조 홍인에 이어 마침내 육조 혜능이 탄생한 것이다.

오랑캐라고 업신 받는 신분에다 글도 제대로 읽고 쓸 줄 모르는 행자가 스승의 법을 이어받자 제자들은 경악했다. 일찍이 후계자감으로 인정받았던 신수 대신 아무도 눈길조차 주지 않았던 초라한 행자가 스승의 법통을 잇자 사람들은 엄청난 충격을 받았고 큰 반감을 일으켰다.

홍인은 혜능에게 "예부터 법을 받은 자의 목숨은 실낱과 같다. 누군가 너를 해치려 할 테니 속히 영남으로 길을 떠나라."라고 했다. "나는 3년 후에 입멸(入滅, 스님이 돌아가시는 것)할 것이니 너는 당분간 사람들 앞에 나타나지 말고 남방에서 은둔하라. 그렇지 않으면 사람들이 너를 해칠 것이며 불법을 펴기 어려울 것이다."라고 단단히 일러둔다.

그리고 혜능이 다음에 자신도 가사를 누군가에게 전해야 하는가라고 묻자 홍인은 혜능 이후에는 가사를 전하지 말라고 했다. 왜냐하면 일찍이 달마의 게송에 "한 꽃송이에 다섯 잎이 피고 열매는 저절로 맺히리라."라고 했는데 여기서 한 송이 꽃은 달마 자신이며 다섯 잎은 2조부터 6조까지 선종의 다섯 조사를 의미하는 것으로 혜능의 시대에 선종이 융성해질 것을 예언한 것이기 때문이다. 이와 함께 달마는 가사를 전수하는 자는 목숨이 실낱같이 위험하다고 일찍이 예언했고 이 땅에서 앞으로 가사를 받을 자는 다섯인데 마지막 혜능 때는 가사 상속을 멈춰야 한다고 게송에서 제시했다.

혜능이 떠난 뒤 홍인 대사가 3일 동안 설법을 하지 않자 대중들이 의아해 여쭈니 "불법은 흘러 영남으로 갔다." "능(能)한 자가 법을 얻었다."라고 대답했다. 사람들이 그제야 혜능이 법을 받아 사라졌음을 깨달았고 일부는 그를 추격하기 시작했다.

혜능을 추격해 온 사람들이 수백 명이었다고 하는데 그 가운데 진혜명이라는 자는 높은 벼슬에 올랐지만 이를 버리고 불도에 귀의한 자였다. 대유령까지 맹렬히 쫓아온 혜명을 보자 혜능은 서슴없이 가사와 발우를 내주었는데 막상 혜명이 이를 집으려 하자 바위처럼 꼼짝하지 않았다. 이에 혜명이 합장하고 예를 갖추어 "법을 구하려 왔을 뿐 의발은 필요하지 않습니다."라고 말하자 마침내 혜능이 그에게 법을 가르쳐 깨닫게 해 주었다는 일화가 있다.

남쪽으로 길을 떠난 혜능은 왕유의 비문에 의하면 "세상의 일을 다 깨달음의 문으로 삼아 농사꾼과 상인들의 무리에 섞여 16년간 살았다." 또 다른 기록에는 "사냥꾼들의 무리에 섞여 15년간 살았는데 사냥꾼들이 늘 혜능에게 그물을 지키라고 하자 그는 붙잡힌 동물을 볼 때마다 놓아주었고 식사 때는 고기 옆에 나물을 얹어 그 나물만 먹었다."고 한다.

혜능은 서민들이 살고 있는 남방으로 가서 약 16년간 은둔하며 본모습을 드러내지 않았고 개인적으로 수행하며 묵묵히 때가 오기를 기다렸다. 당시에는 신수를 비롯한 기존 불교 세력이 귀족과 결탁하여 막강한 정치·문화적 힘을 발휘하고 있었기 때문에 혜능은 무리하게 이들에게 대항하지 않고 시절이 도래하기를 기다린 것이다.

(3) 정식 수계와 교화

남방에서 은둔한 지 십 수 년 뒤 당 고종 27년(678)에 마침내 혜능은 세상에 나와 법을 펼치기 시작한다. 광주 법성사에 이르자 때마침 인종 법사(627~713)가 《열반경》을 강의하고 있었는데 그 자리에는 깃발이 세워져 있었다. 사람들이 바람에 나부끼는 깃발을 보고 바람이 흔들린다, 아니 깃발이 흔들린다며 서로 다투자 혜능은 "흔들리는 것은 바람도 아니고 깃발도 아니며 그대의 마음"이라는 그 유명한 풍번(바람과 깃발) 문답을 했다.

인종은 혜능의 비범함을 알아보고 그를 예우하며 극진히 모신다. 위대한 인물이 남방에 나타났음을 깨닫고 인종은 "나의 설법이 기왓장이나 자갈돌이라면 혜능의 설법은 순금과도 같다."라고 감탄하면서 그를 정신적인 스승으로 받들었다.

행자 신분으로 법을 받았고 오랜 은둔 생활을 했기 때문에 수행자의 공식 절차를 밟지 않았던 혜능은 이제 인종으로부터 삭발식을 하고 구족계(비구 스님이 되기 위해 받는 계율)를 받아 교단에 정식으로 등장한다.

당시 중국 불교는 이미 교종 계통의 불교(법상종과 천태종)가 일어나 현장 스님과 같은 분들이 인도에서 많은 불경들을 가져와 왕성하게 번역 사업을 펼치던 때였다. 경전 중심의 수행이 대성황을 이루고 화엄종이 번창해 귀족들 사이에서 널리 인기를 누리던 시절에 달마선을 이어받은 혜능이 정식 구족계를 받았다는 사실은 역사적으로 큰 의미를 지닌다. 혜능 이전에 대세를 이루던 교종 불교의 귀족적이고 보수적인 바람이 이제 힘을 잃고 달마의 남종선이 새로운 혁신의 돌풍을 일으킬 때가 도래했음을 예고하는 것이다.

혜능이 계를 받은 법성사의 계단(戒壇, 계를 받을 때 사용하는 단상)에는 이미 수세기 전부터 그의 출현을 예견한 흔적들이 남아 있었다고 전한다.

5세기 송나라(남북조 시대의 남조에 속한 나라)때 구나발타라 삼장 법사가 이 계단을 세우면서 "장차 육신 보살(부모에게 받은 몸 그대로 살아 있는 보살)이 이 계단에서 계를 받으리라."라고 예언했다.

또 양나라 때(502) 지약 삼장 법사도 인도에서 뱃길로 중국에 돌아오면서 법성사에 들러 보리수 한 그루를 이 계단 곁에 심고 이렇게 예언했다. "앞으로 170년 뒤에 육신 보살이 이 보리수나무 밑에서 최상승법을 설하여 많은 중생을 구제할 것이다."

선인들의 예언 그대로 혜능은 법성사에서 머리를 깎고 계를 받아 사부 대중(불교 교단을 구성하는 네 무리로, 출가한 남자 수행자인 비구와 출가한 여자 수행자인 비구니, 출가하지 않은 남자 신도인 우바새와 여자 신도인 우바이가 있다)을 위해 법을 펼치게 되었다.

계를 받은 그 다음 해, 혜능은 인종과 사부 대중 천여 명의 전송을 받으며 광주 법성사에서 소주의 조계산 보림사로 왔다. 그 후 76세로 입적할 때까지 약 40년간을 조계산에서 제자들을 가르치는데 사방에서 사람들이 혜능의 법을 듣기 위해 비구름처럼 몰려들었고 그 가운데 득도한 이도 수없이 많았다고 한다.

　법성사에서 처음 조계산의 보림사로 왔을 때 혜능을 따르는 학자와 제자들 수백 명이 함께 와 머물렀는데 절 공간이 아주 협소해 대중을 모두 수용하기 어려웠다고 한다. 좀 더 넓은 수행터를 마련하기 위해 혜능은 진아선이라는 신도를 만나 그의 도움으로 보림사에 속하는 '화과원'이라는 절을 지어 수행 도량으로 삼았다.

　이 보림사에는 예로부터 전하는 이야기가 있는데 지약 삼장 법사가 서천축(인도)에서 돌아와 조계의 물을 마시는데 그 향미가 특이하여 제자들에게 일렀다.

　"이 물은 서천축국의 물과 다르지 않구나. 물의 근원에 이르면 절을 지을 만한 뛰어난 곳이 있으리라." 그리고 물을 따라 올라가 산수가 빼어난 곳을 발견하고 찬탄하며 "완전히 서천축의 보림산과 같구나. 이 산에 절을 세우면 170여 년 뒤 높고 뛰어난 가르침이 설해져서 도를 이루는 자가 숲과 같이 많이 나올 것이니 마땅히 절 이름을 보림(寶林, 보배의 숲) 이라고 지으라."라고 했다. 이때 소주의 지방관이었던 후경중은 스님의 말을 그대로 조정에 보고했고 임금은 그의 요청을 받아들여 '보림사'라는 이름을 정식으로 내려 주었다. 마침내 서기 504년에 보림사 절이 완성되었다고 한다.

　조계산으로 돌아온 직후 혜능이 소주의 지방 관리인 위거의 요청으로 대범사 강당에서 설법하고 이를 제자인 법해가 모아서 기록한 것이 《육조단경》이다. 이 자리에는 수행자와 일반인들 만여 명이 자리를 함께 했다고 하는데 실제로 혜능이 조계산에 거주하면서 소주와 광주 두 고을에 교화를 펼 때 그의 문하에는 만 오천여 명의 제자들이 운집했다고 한다.

그리고 혜능은 제자들에게 반드시 《육조단경》을 이어받도록 당부했고 《육조단경》을 얻지 못하면 혜능으로부터 배움을 얻지 못한 것과 같다고 돈황본에서 밝히고 있다. 선종에서 아무리 교외별전이나 불립 문자를 말하며 경전이나 문자를 멀리하고 오직 마음만을 강조한다 해도 그것은 혜능 이후의 이야기다. 혜능 당시에는 남종선의 기틀을 분명히 잡아서 북종선에 대항해야 했기 때문에 《육조단경》의 전수를 통해 남종선의 요지를 사람들에게 분명히 가르치고 알리는 일은 매우 중요한 과제였다. 그러므로 혜능은 《육조단경》을 통해 일목요연하게 가르치고 배울 것을 제자들에게 강조했다.

한편 혜능과 제자 신회와의 만남도 남종선의 역사를 이야기할 때 빼놓을 수 없는 중요한 사건이다. 당시 지배 세력과 결탁한 북종선을 누르고 혜능의 남종선을 중국 불교의 중심으로 끌어올리는 데 절대적인 공헌을 한 인물이 신회(670~762)다. 신회는 그의 책 《신회어록》을 통해 혜능이 육조로서 달마 이후 정통 선종을 계승한 인물임을 거듭 확인시켰다.

혜능과 신회가 언제 어떻게 만났는지는 분명치 않지만 신회가 살아 있을 때 쓰인 왕유의 비문에 보면 중년의 신회가 노년의 혜능을 찾아간 것으로 나온다. 신회는 처음에 옥천사의 신수 문하에서 몇 년간 수행하다가 신수가 왕실의 부름을 받고 서울로 떠나자 그 후 혜능의 제자가 된 것으로 보인다.

돈황본에는 혜능이 입적할 때 법해를 비롯한 다른 제자들이 다 눈물을 흘리며 슬퍼하는데 어린 신회만 동요함이 없이 담담하게 대처하는 모습이 나온다. 또 혜능은 신회가 "스님께서 좌선하실 때 보느냐, 안 보느냐."라고 묻자 "네 마음이 미혹하면 보지 못하며 마음이 깨달으면 보게 된다."라는 답으로 신회의 눈을 뜨게 한다. 결국 신회는 혜능의 제자가 되어 그의 선법을 온 세상에 알리는 데 결정적인 공헌을 하게 된다.

(4) 나라의 부름을 받다

불교에 대한 믿음이 깊었던 당나라 왕실에서는 종종 유명한 승려들을 궁궐로 초대해 불법(佛法, 부처님의 가르침)을 배우고 정치적인 자문을 구하곤 했다. 북종선을 이끌었던 신수는 귀족들과 결탁해 현실 정치에 긴밀하게 관여했던 대표적인 승려였다.

육조 혜능이 정치 세력과 어떤 관계를 맺었는지 알려 주는 역사적인 자료는 거의 없다. 혜능이 현실 정치와 무관하게 그저 개인적인 수행과 대중 교화에만 몰두했는지 신수처럼 정치에도 관여했는지 덕이본 《육조단경》을 통해 짐작해 보려 한다.

혜능이 조계로 돌아온 이후 명성이 점점 높아지자 당나라 조정에서 사람을 보내 혜능을 초대했다. 불법을 숭상한 측천무후와 중종이 내려 보낸 조서에는 "궁중에서는 이미 숭악노안 국사와 신수 대사를 모시고 공양하며 매일 불도의 가르침을 받고 있다. 그들은 남방에 계시는 혜능 대사가 홍인 대사의 인가를 받고 가사를 신표로 삼아 법을 전해 받았으니 그 분을 초정해 가르침을 받아야 한다고 강력히 추천했다. 내시 설간을 보내 혜능 대사를 맞으려 하니 자비로운 마음으로 속히 서울로 와서 가르침을 펴도록 하라."라고 했다. 그러나 혜능은 조정에 올린 답 글에서 "혜능은 변방에서 태어나 외람되게도 홍인 대사로부터 의발과 함께 불법을 전해 받았습니다. 이제 하늘과 같은 은혜로 설간을 보내시어 궁궐의 부르심을 받자오나 혜능은 오래도록 산림에 거처했으며 늙고 풍병에 걸렸습니다. 혜능은 산에서 병을 고치고 도업을 닦아 위로는 황제의 은혜에 보답하고 아래로는 중생들에게 두루 도업이 미치도록 허락해 주시기 바랍니다."라고 하면서 병을 핑계로 왕실의 부름을 정중히 거절했다. 그리고 4년 뒤 재차 부름에도 역시 응하지 않았던 것으로 보인다.

조정의 뜻을 전하러 왔던 설간은 혜능과 문답을 나누며 크게 깨달았다고 한다.

"서울에 계신 훌륭한 스님들께서는 도를 알려거든 반드시 좌선하여 정(定, 고요함)을 익히라고 합니다. 선정하지 않고는 해탈을 이룰 수 없다고 하는데 스님께서는 어떻게 생각하십니까?"

"도란 마음으로 깨치는 것인데 어찌 앉고 서는 데 도가 있겠느냐?"

"제가 서울로 돌아가면 조정에서 반드시 스님의 뜻을 자세히 물으실 테니 스님께서는 자비로써 저에게 큰 가르침을 내리소서. 제가 스님의 뜻을 조정에 전해 올리고 서울에서 도를 배우려는 모든 이들에게 그 가르침을 전하여 마치 한 등불이 수천 등불에 불을 붙이듯 어둠을 걷어 내고 밝음이 다함이 없도록 하겠습니다."

"도에는 밝음도 어둠도 없다. 밝음과 어둠은 서로 상대적인 것으로 이름을 그렇게 붙였을 뿐이다. 법은 상대가 없기 때문에 비교하고 견줄 것이 없다."

"밝음은 지혜요, 어둠은 번뇌인데 수행자가 만약 지혜로써 번뇌를 없애지 않는다면 어찌 생사의 굴레를 벗어나겠습니까?"

"번뇌가 곧 보리(지혜)다. 이는 둘이 아니며 서로 다른 것도 아니다. 만약 네 말처럼 지혜로써 번뇌를 없앤다면 이것은 이승(성문승, 연각승)의 견해요, 근기가 낮은 생각이다."

"그러면 어떤 것이 대승의 견해입니까?"

"보통 사람들은 밝음과 어둠(밝지 않음)을 서로 다른 것으로 보지만 지혜로운 자는 그 성품이 둘이 아니란 것을 알고 있다. 둘이 아닌 성품이 바로 참다운 성품이다. 참다운 성품은 어리석은 범부에게 덜한 것이 아니며 지혜로운 현자에게 더한 것이 아니다. 번뇌 속에서도 어지럽지 않고 선정 가운데서도 고요하지 않으며 끊어진 것도 아니고 항상 있는 것도 아니며 오지도 가지도 않고 중간이나 안팎이 있는 것도 아니다. 나지도 않고 멸하지도 않으며 본성과 모습이 여여하여(한결같아) 항상 변함이 없으니 이를 도(道)라고 부른다."

"저는 오늘에야 비로소 불성은 본래부터 있는 것이며 불성은 한결같이 변하지 않기 때문에 어떤 미혹함에도 동요하지 않는다는 것을 알았습니다."

설간이 큰 깨달음을 얻고 대궐로 돌아가 조정에 전했다.

조정에서는 조서를 내려 다음과 같이 대사를 높이 찬양했다.

"대사께서 늙음과 병환을 이유로 조정에 들어오기를 사양하고 나라를 위해 세간에서 깊은 도를 닦으시니 이는 유마 거사(인도 비사리국의 장자로, 출가하지 않고 재가 신도로서 도를 크게 이룬 석가모니불의 한 제자)를 연상시키는 일이요, 나라의 크나큰 복이 아닐 수 없다. 짐이 그동안 쌓아온 선행과 과거로부터 심어온 좋은 인연 덕분에 이 세상에 나신 대사를 만나게 되었고 단박에 깨닫는 큰 가르침을 얻는 행운을 누리게 되었다. 대사의 은혜에 감사하고 성심껏 수행하여 영구히 그 뜻을 전해마지 않는다."

그리고 가사와 수정 발우, 비단 500필 등을 하사했으며 소주 자사에게 명하여 절을 수리하게 한 뒤 새 현판을 내렸으며 신주의 옛집을 국은사로 이름 지어 복원했다고 한다. 어떤 기록에는 혜능이 조정에 들어오지 않자 스승으로부터 받은 가사를 왕실에 올리게 해서 이를 높이 받들고 대신 다른 가사와 비단 등을 하사했다고 한다.

(5) 입적과 그 이후

혜능은 자신의 입적을 예감하고 돌아가시기 1년 전 712년에 신주의 국은사에 탑을 조성하게 했다. 당시에는 스님들이 돌아가시기 전에 미리 탑을 세우는 관습이 있었다. 탑은 다비식(화장) 이후에 유골이나 사리를 안치하는 곳이었다. 혜능은 소주의 조계산에서 오랫동안 가르침을 폈지만 돌아가실 때는 국은사에 머물렀다.

이듬해인 선천 2년(서기 713년, 당나라 예종 4년) 7월에 혜능은 제자들을 불러 모아 작별의 말씀을 남기고 8월 3일 세상의 나이 76세로 입적했다.

혜능은 때가 다가오자 법해, 지성, 법달, 신회 등 10대 제자들을 불러 모아 자신의 돈교법에 대해 조금도 의문이 남지 않도록 진지한 문답 시간을 가진다. 여기서 혜능은 《육조단경》을 후세에 대대로 전할 것을 당부했고 《육조단경》을 이어받지 못한 사람은 자신의 뜻을 제대로 알지 못한 것이며 그의 제자가 될 수 없음을 분명히 했다.

그리고 더 이상 가사를 전하지 말 것을 당부한 뒤 자신이 입적한 후 20년(기록에 따라 40년) 동안 삿된 법들이 혼란을 일으키겠지만 남종선을 확립할 사람이 나타날 것이라고 예언했다. 그 사람이 바로 제자 신회라고 본다.

신회는 혜능 입적 후 20년 뒤 732년 1월 15일에 대운사에서 무차 대회(신분 귀천의 차별 없이 누구나 평등하게 참여하는 큰 법회)를 열었다. 거기서 신회는 북종선을 주창하는 숭원 법사와 대논쟁을 벌여 북종선을 맹렬히 공격했고 자신의 종지가 달마 이후부터 혜능을 통해 내려온 정통선임을 대중들에게 분명히 알렸다. 그때 논쟁이 오늘날도 기록으로 남아 있는데 거기서 신회는 남종선의 뜻을 확립시킨 자가 자신임을 분명히 했다.

혜능이 돌아가신 후에도 그의 유해(유골)를 둘러싼 몇 가지 이야기가 전해진다.

제자들이 유해를 조계산으로 모시고 가려 하자 신주의 지방관이 이를 허락하지 않았고 그대로 국은사에 탑을 세워 공양(음식 등을 바치며 모심)하려 했다. 결국 제자들이 관리를 만나 설득하여 대사의 머리는 철편으로 싸고 전신은 이집트의 미라처럼 아교와 옻칠을 하여 조계산으로 옮겼다. 당나라 승려 석두희천의 유해도 이렇게 보존되어(이를 등신불 혹은 현신불이라 한다) 1911년 신해혁명 때 일본으로 유출되었고 오늘날까지 일본의 총지사에 모셔져 있다. 혜능의 모습이 사후에도 마치 선정에 든 것처럼 잘 유지되었기 때문에 나중에 옻칠을 해서 그 모습을 남길 수 있었던 것이다. 이렇게 해서 혜능의 유해는 조계산으로 돌아가고 11월에 감탑(불상을 모시는 공간이 있는 탑)에 안치했고 신주와 소주를 비롯한 몇몇 고을에서 탑을 세워 그를 기렸다고 한다.

한편 혜능의 유해를 탑에 모신 지 10여 년 후 놀라운 일이 발생한다. 밤중에 별안간 탑 속에서 쇠줄을 끄는 듯한 이상한 소리가 나서 사람들이 나와 보니 상주 차림을 한 사람이 혜능의 탑비에서 나와 달아났다. 탑 속을 살펴보니 혜능의 목에 상처가 나 있음을 발견했다.

이에 고을의 현령과 자사가 세밀히 수사를 벌여 5일 만에 죄인을 잡아 소주로 압송해서 심문했다. 그는 장행창이라는 여주 양현 사람인데 신라 승려 김대비로부터 돈 2만 냥을 받고 육조 대사의 머리를 가져오라는 부탁을 받았다고 했다. 김대비는 혜능의 머리를 모시고 신라로 돌아가서 받들고 공양하기 위해 그런 엄청난 사건을 저질렀다고 한다.

고을 관리는 죄인에게 벌을 내리지 않고 조계산에 가서 혜능의 상좌인 영도 스님에게 어떻게 일을 수습해야 할지 물었다. 영도 스님은 국법에 따른다면 마땅히 사형감이나 불교는 자비의 종교며 김대비가 대사를 받들고 공양하기 위해 저지른 일이니 죄를 용서함이 좋겠다고 했다. 그 고을의 관리도 불교의 포용력에 감복하여 죄인을 용서해 주었다고 한다.

이 사건을 '육조정상 해동 봉안설'(722)이라고 한다. 이 사건이 과연 사실인지 전설인지 알 수 없지만 육조 혜능에 대한 신앙심이 후세에 점점 커지자 멀리 신라에서도 그의 유해를 모시려고 온갖 노력을 다 했다는 사실을 말해 준다.

723년 창건된 경남 하동의 쌍계사 금당에는 육조 대사의 머리를 봉안했다는 탑전이 아직도 남아 있다. 실제로 쌍계사에는 김대비와 삼법 두 스님이 혜능 대사의 정상(頂相, 머리)을 모신 터 위에 절을 세웠다는 창건 설화가 전해 온다. 금당에는 '육조정상탑'이라는 추사 김정희가 쓴 현판이 걸려 있고 그곳에서 상서로운 빛이 자주 비친다고 한다.

혜능은 입적 후 약 1세기가 지나서야 비로소 '대감 선사'라는 시호(죽은 뒤 평생의 공덕을 기려 나라에서 내려주는 이름)를 받았고 송나라 때는 '대감 진공 선사', '대감 진공 보각 선사', '대감 진공 보각 원명 선사'라는 시호를 세 번에 걸쳐 추가로 받았다.

신수가 입적(706) 직후에 중종으로부터 대통 선사라는 시호를 받았고 그것이 중국 선종 사상 최초의 시호였다는 점과 비교하면 사뭇 차이가 있다. 혜능선이 중국에 퍼지기 시작한 당시만 해도 왕실로부터 인정을 받지 못하다가 신회와 여러 제자들의 활약에 힘입어 남종선이 정통선의 위치를 확립해 갔던 역사적 과정이 시호를 내리는 데도 반영되어 있다.

3. 혜능 사상의 특징

(1) 중국 선종에서 남북 문제

달마 이래로 내려온 중국의 선종이 혜능 사후에 남종선과 북종선으로 나뉜 것은 중국 자체가 양자강을 기준으로 두 중국 문화로 오랫동안 나뉘어 살아온 데 이유가 있다. 중국 역사는 한족과 오랑캐라고 불리는 주변 이민족들이 서로 싸우면서 영향을 주고받는 과정이었다.

한족은 춘추 전국 시대 이래로 중국의 북쪽 지방을 중심으로 활약했기 때문에 낙양이나 장안 같은 문화의 중심지는 대부분 북쪽에 있었다. 그러나 선비, 흉노, 돌궐과 같은 북방 이민족들이 성장하면서 한족은 남으로 많이 이주해 갔고 남쪽에도 새로운 문화의 기반이 마련되고 있었다.

그래도 혜능 당시에는 여전히 한족 중심의 북쪽 귀족 문화가 지배적이었고 그에 의지한 북종선이 중국 불교의 주류를 이루고 있었다. 이런 상황에서 혜능의 남종선은 중국 사회에 놀라운 충격과 커다란 반향을 불러일으켰다.

신수가 이끌던 북종선은 '안사의 난'(755) 이후 혜능의 남종선으로 대체되었다. 남종선은 당나라 숙종 이후 중국 전역에 널리 퍼졌고 북종선을 비롯한 다른 종파들도 그 위력에 눌려 대부분 자취를 감추었다. 신수는 오랜 수행을 통한 점차적인 깨달음[점수(漸修)]을 주장한

데 반해 혜능은 단박에 깨침[돈오(頓悟)]을 주장해 '남돈북점'이라는 말이 생겼다. 남종과 북종은 선 불교가 추구하는 방향에서 근본적으로 다를 뿐 아니라 사회적인 배경도 매우 대조적이었다.

북종선은 귀족 중심의 불교로 왕실과 중앙 권력에 힘입어 수도권에서 한때 크게 세력을 떨쳤다. 반면 혜능선은 글을 모르는 무식한 나무꾼 출신이라는 그의 신분이 말해주듯 남방의 소외된 계층에게 적극적으로 불법을 가르치는 역할을 했다.

선종을 남과 북으로 나누고 북종선을 물리치는 데 가장 큰 역할을 한 사람은 하택 신회였다. 그의 집요한 노력 덕분에 남종선은 중국 불교의 주류가 되었고 혜능은 달마선을 잇는 정통 육조 스님으로 인정받았다. 당시 남종과 북종 사람들은 서로를 점차 원수처럼 대했고 신수의 북종은 쇠망의 길을 걷게 되었다. 남종선은 혜능의 사후에 탁월한 제자들이 많이 나와 더욱 세력을 확대했고 선의 최고 경지라고 할 "불립 문자, 교외별전, 직지인심, 견성성불" 등을 내세워 고고한 선풍을 드날렸다.

불립 문자(不立文字)란 진리는 문자로 세우는 것이 아니라 오직 마음으로 도달하는 것이라는 뜻이며, 교외별전(敎外別傳)도 경전을 벗어나 마음에서 마음으로 깨달음을 얻는다는 뜻이다. 경전이나 문자에 의지하지 않고 깨달음에 이른다는 의미로 불립 문자, 교외별전 외에 이심전심(以心傳心), 심심상인(心心相印), 염화미소(拈華微笑), 염화시중

(拈華示衆) 같은 것들이 있다.

남종선이 확산되면서 중국 불교는 달마로부터 전해진 인도 불교의 색채를 완전히 벗고 자기의 특징을 갖추게 된다. 홍인 대사 때만 해도 《능가경》을 암송하는 등 인도 불교적인 색채가 중국 불교에 남아 있었고 북종선은 이런 전통을 따르고 있었다.

이와 달리 혜능선은 일상적이고 서민적인 불교 사상을 전개했다. 굳이 어려운 경전을 암송하거나 학식을 갖추지 않고도 일상의 삶 속에서 누구나 깨달음에 이를 수 있다고 주장한 것이다. 귀족들은 노동하지 않기 때문에 좌선에 오랜 시간을 쏟고 어려운 경전을 암송하며 수행할 수 있었다. 혜능은 그런 수행에 반기를 들었다. 신분이나 지위에 상관없이 누구나 본래 갖춘 내면의 불성을 바로 보면 곧 견성성불한다는 주장을 했다. 당시로서는 가히 파격적인 선언이었다. 혜능은 이전과는 확연히 다른 새로운 수행 개념을 세웠고 신분에 상관없이 누구나 어디에서나 바르게 수행하면 견성성불 할 수 있다는 민주적인 수행 풍토를 만들어 불교 역사에 획기적인 장을 열었다.

(2) 선정과 지혜는 하나

북종선에서는 선정에 들어야 지혜가 나온다고 생각해 정과 혜를 별개로 여기고 선정 먼저, 지혜는 그 다음에 두었다. 그리고 선정에 들기 위해 움직이지 않고 오래 앉아 있는 좌선 수행을 강조했는데 혜능은 이를 통열하게 비판했다.

신수 밑에서 한때 수행했던 신회가 혜능에게 "정과 혜는 무엇이 먼저 일어나는가?"라고 북종식 사고로 묻자 "항상 청정심을 지니면 정 가운데 혜가 있고 혜 가운데 정이 있기 때문에 선정과 지혜는 선후가 없다."라고 대답했다는 이야기가 있다.

선정은 지혜의 몸이며 지혜는 선정의 작용이기 때문에 정과 혜는 둘이 아니며 같은 것이다. 누구나 항상 청정심을 발휘하면 선정 속에 바로 지혜가 있다는 말이다.

혜능은 정혜의 관계를 등불과 그 빛의 관계로 보았다. 등불은 빛의 몸이요 빛은 등불의 작용이니 등불이 없으면 빛이 나올 수 없고 빛이 없는 등불 또한 없다. 등불과 빛은 이름은 둘이지만 원래 하나이듯 선정과 지혜도 그와 같다고 했다.

혜능은 누구나 본래 갖춘 청정한 본성을 즉시 바로 깨닫고 망념을 일으키지 않으면 바로 성불한다고 가르쳤다. 이런 까닭에 남종선은 돈오(단박 깨달음)라는 전에 없던 탁월한 입장을 제시했고 북종선의 점오(점차 깨달음)와는 분명한 차별성을 보여 주었다.

(3) 무념, 무상, 무주
혜능선의 핵심은 무념, 무상, 무주다.
무념(無念)이란 북종선에서 말하는 '생각을 벗어남'과는 다른 것이다. 생각을 벗어남은 생각을 하지 않는 것인데 인간은 한순간도 생각 없이 존재할 수 없다. 나무토막이나 돌멩이 같은 생명이 없는 무정물만이 생각 없이 있을 수 있다. 혜능의 무념은 생각하지 않는 것이 아니라 매 순간 바르게 생각하는 것이다.

무(無)란 해를 덮고 있는 구름을 없애는 것이고 염(念)이란 구름이 사라진 뒤 해가 환하게 빛나는 것이다. 해는 언제나 밝게 빛나고 있지만 구름에 의해 일시적으로 덮일 따름이다. 구름이 망념이라면 해는 언제나 깨끗한 본성이다. 망념을 없애는 것이 무념(無念)이라면 늘 밝게 빛나는 해는 바른 염(念)이다. 그러므로 무념은 무념+염이 더 정확한 표현이 되겠다. 망념이 없는 무념으로 바르게 염(생각)하는 것이 혜능이 말한 무념의 뜻이다.

무상(無相)은 겉으로 보이는 모양[相]에 얽매이지 않고 모양이 주는 구속으로부터 벗어나 항상 자유로운 것이다. 모든 겉모양은 허망한 것이다. 모양이란 조건에 따라 시시때때로 계속 변하기 때문에 실체가 없다. 그런데도 사람들은 겉모양이 마치 그 사물의 실체인 양 여기고 모양에 따라 사물을 판단한다. 겉모양이 참이 아님을 알 때 참다운 불성(부처의 본성)을 볼 수 있다.

무주(無住)는 세상의 일은 조건에 따라 항상 변하는 것이기 때문에 한 곳에 마음을 두거나 머물러 집착하지 않음을 말한다. 혜능이 땔나무를 갖다 주면서 우연히 들었던 《금강경》의 '응무소주 이생기심(應無

所住 而生其心)'이라는 구절이 바로 무주를 강조한 것이다. 마땅히 머무는 바 없이 늘 새롭게 마음을 내라! 사람들은 자기 마음으로 만들어 낸 것에 사로잡히고 거기에 머물러 얽매이고 집착한다. 이런 어리석음에 빠지지 않도록 혜능은 무념, 무상, 무주를 가르친 것이다.

(4) 참다운 좌선

중국 선종은 달마의 면벽 좌선(벽을 바라보고 앉아서 수행함)을 기본으로 한다. 그러므로 좌선이 없는 선종을 말하기 어렵지만 좌선에 대한 입장은 남종과 북종이 현저히 다르다.

북종선에서는 좌선을 마음을 집중해서 고요함[정(定)]에 들고, 마음을 가라앉혀서 깨끗함을 보고, 마음을 일으켜서 밖으로 비추며, 마음을 다잡아서 안으로 증명하는 것이라고 주장한다.

그러나 혜능은 이를 철저히 비판했다. 참다운 좌선이란 고요함에 집착하지 않고 깨끗함에 집착하지 않고 부동(움직이지 않음)에 집착하지 않는 것이라고 주장했다.

마음이란 원래 허망하여 집착할 바가 없고, 본성이란 원래 깨끗한데 굳이 깨끗함을 보려 애쓰면 도리어 깨끗함이라는 망상에 사로잡힌다. 미혹한 사람은 부동을 강조하면서도 입만 열었다 하면 남의 옳고 그름을 따지고 싫고 좋음을 가려 늘 입과 마음을 움직인다. 진정한 부동이란 몸을 움직이지 않는 것이 아니라 시비와 선악을 떠나 늘 마음의 고요함을 잃지 않는 것이다. 참다운 좌선이란 가만히 앉아 있기만 하는 것이 아니라 밖으로 일체 선악의 경계를 만나도 마음이 흔들리지 않고 본래 청정한 자성을 보고 동요하지 않는 것이다. 움직임 가운데 움직이지 않는 마음을 유지하는 것, 몸을 앉히는 것이 아니라 마음을 앉히는 것, 그것이 진정한 좌선이라는 것이다.

그러므로 참다운 좌선 수행은 어떤 격식이나 지식을 요구하지 않고 일하고 살아가는 일상의 삶 속에서 본래 깨끗한 본성을 발휘하는 것이다. "움직이고 머물고 앉고 눕고 하는 모든 움직임 가운데 한결같이 곧은 마음을 행함이 바로 일행삼매"라고 혜능은 말했다. 도(道)란 모름지기 흘러서 통해야 하며 막히고 머물 수 없는 것이다. 입으로만 바른 마음을 말할 것이 아니라 움직임 가운데 망념을 일으키지 않는 것이 참된 도(道)라는 의미다.

(5) 반야바라밀과 정토

《육조단경》은 대범사 강당에서 혜능이 대중들에게 무상계를 주고 마하반야바라밀법(큰 지혜로 고통의 이 언덕에서 열반의 저 언덕으로 건너감)을 가르친 것을 제자 법해가 기록하면서 탄생했다. 그러므로 《육조단경》의 근본 가르침은 마하반야바라밀법이다. 혜능 사상에서 반야바라밀이 너무나 중요하기 때문에 혜능선은 반야종이라 불리기도 했다.

혜능은 "한 생각마다 바르게 행동하면 그것이 참된 본성이며 그렇게 닦음이 반야행"이라고 했다. 사람은 누구나 본래 반야의 지혜를 갖추었기 때문에 그 지혜를 발휘하면 일체의 도리를 알게 되어 문자나 교리를 빌지 않고도 깨달음에 이를 수 있다.

그러므로 참된 본성을 바로 보아 마음에 집착이 없는 대자유를 이루면 그것이 반야바라밀이다. 남종선은 좌선을 강조하지 않고 매 순간 반야로 돌아갈 것을 강조한다. 반야는 언제 어디서나 본래 갖춘 지혜를 사용하는 것이지 오래 닦아서 만들어 내는 것이 아니다.

서방 정토에 대한 혜능의 생각도 매우 파격적이다. 원래 극락정토는 아미타 부처님이 계신 저 언덕(피안)의 땅으로 중국에서 서쪽으로 10만억 국토 저쪽에 있는 세계라고 했다. 하지만 혜능은 서방 정토가 공간이나 거리의 문제가 아니라 마음의 문제라고 했다.

실제로 중국에서 인도의 왕사성까지 10만 8천 리라고 하는데 이 거리를 중국 사람들은 서방 정토 극락세계까지의 거리라고 보았다. 하지만 혜능은 우리 몸의 10악(惡)과 8사(邪)를 없애면 그 자리에서 바로 10만 8천 리를 뛰어넘어 극락정토에 이른다고 말했다.

미혹한 사람들(주로 북종선 사람들)은 오랫동안 아미타불을 염불하고 갈고 닦아서 극락에 가려 하지만 깨달은 사람들은 청정한 자기 마음을 보고 그 자리에서 즉시 극락을 이룬다. 10악을 제거하면 10만 리를 가고 8사를 제거하면 8천 리를 가기 때문에 서방 정토는 결코 먼 데 있는 것이 아니다. 생각 생각마다 본래 청정한 불성에 눈뜨고, 있는 그대로의 마음을 본다면 서방 정토는 바로 내 안에 있다. 자신이 바로 불국토요, 서방 정토임을 안다면 이 자리에서 바로 불도를 완성할 수 있다는 것이다.

4. 혜능 사상의 발전

혜능 사후에 그의 남종선은 많은 뛰어난 제자들의 활약에 힘입어 북종선을 누르고 중국의 대표적인 종파로 자리를 잡았다. 혜능이 확립한 중국의 선종은 이후 기라성 같은 제자들이 많이 배출됨으로써 선의 황금시대를 열게 된다.

혜능 당시만 해도 경전을 배격하지 않고 《금강경》, 《열반경》과 같은 경전을 중요한 수행의 지침으로 삼았지만 그의 사후 세대가 거듭될수록 경전이나 문자를 벗어난 획기적인 선법을 추구했다. 그런 기개 높은 선풍은 중국뿐 아니라 한국과 일본 등 주변 나라로 전파되었고 오늘날에는 서양에까지 널리 확산되어 혜능의 선 불교는 동서양의 불교계에 가장 막강한 영향력을 행사하고 있다.

혜능까지는 법을 전수하는 의미에서 가사와 발우를 가장 뛰어난 제자에게 넘겨주었지만 혜능 이후부터 의발 전수 의식도 사라졌다. 남종선이 유래 없는 성황을 맞이하여 한꺼번에 많은 제자들이 배출

되어 특별히 한 사람에게 의발을 전해줄 상황이 아니었고 혜능이 남종선의 뿌리라는 사실이 이미 분명해졌기 때문이다.

혜능의 제자들은 크게 두 계파로 나뉘는데 청원 행사와 남악 회양이 그 중심이었다. 청원 행사는 현재 일본 불교의 주류를 이루고 있는 조동종의 원조며 남악 회양은 우리나라 불교의 뿌리인 임제종의 원조다. 남악 회양의 제자 가운데 마조도일(709~788)이 나와 마침내 남종선의 최고봉을 이룬다.

혜능이 살아 있을 때 반야다라 스님은 혜능에게 남악 회양 문하에 앞으로 천하를 횡행할 대조사가 출현할 것이라 예견했다. 그 예언대로 마조는 강서 마조산 일대에서 크게 선풍을 날리며 거대한 선의 일가를 이루었고 사방에서 수행자들이 구름 떼같이 몰려들어 선종 역사상 가장 큰 성황을 이루었다.

마조는 "벽돌을 갈아서 거울을 만들 수 없는데, 어찌 좌선을 하여 성불할 수 있겠는가?"라는 스승 남악 회양 선사의 말을 듣고 크게 깨달아 강서 지방 각지를 돌며 선의 가르침을 널리 펼쳤다.

마조도일의 사상은 '보통의 평범한 마음이 곧 도[평상심시도(平常心是道)]'라는 가르침으로 우리에게 잘 알려져 있다. 그는 새삼스럽게 닦을 필요가 없는 것이 도라고 하면서, 무언가를 이루고자 하고 어딘가로 의도적으로 향하고자 노력하는 것을 경계했고 평상시 매 순간 깨어 있는 마음을 강조했다.

《육조단경》은 남종선의 중심이 혜능에게 있음을 천하에 알려 주었다. 하지만 《보림전》이라는 책이 9세기에 나온 뒤부터 중국 선종의 중심은 육조 혜능에서 마조도일로 바뀐다. 《육조단경》에서는 선종의 정통법을 신수가 아니라 혜능이 이어받았다는 사실을 강조하기 위해 혜능의 존재를 크게 부각했지만 세월이 흐르고 남종선이 천하를 호령하자 육조 혜능보다 마조도일이 더 강조되는 상황으로 바뀐 것이다.

마조 스님은 강서성을 중심으로 활동했기에 강서 마조라 불리는데 호남성을 중심으로 활동한 석두 희천과 더불어 당시 선종의 쌍벽을 이루었다. 마조 스님은 큰 제자를 많이 길러 낸 것으로도 유명한데 휘하에 139명의 대선지식이 나왔고 그 가운데 특히 뛰어났던 88명의 선지식들이 천하에 그의 선종을 유포시키는 데 크게 기여했다.

혜능의 선종은 그의 사후 제자들에 의해 다섯 개의 종파를 이루었는데 오늘날까지 남아 있는 조동종과 임제종 외에 운문종, 법안종, 위앙종이 있었다. 나중에 임제 의현의 제자들 사이에 2개 파가 일어나 결국 선종은 혜능의 제자들에 의해 5가 7종을 형성하게 된다.

그러나 후대로 갈수록 3개 종파는 쇠퇴하여 사라지고 오늘날에는 임제종과 조동종만이 그 종풍을 유지하고 있다. 조동종과 임제종의 제자들은 대를 이어가며 달마로부터 내려온 혜능의 남종선을 널리 세계로 전파함으로써 오늘날 선의 물결은 동서양을 막론하고 더욱 확산되고 있다.

혜능 연보

620년 | 혜능의 아버지 노행도가 좌천되어 신주로 옮겨 갔다.

638년 | 2월 8일 자시에 혜능이 신주에서 태어났다.

640년 | 부친상을 당하고 홀어머니와 지내며 어렵게 생계를 유지했다.

661년 | 우연히 《금강경》을 듣고 출가를 결심했고 5대 조사 홍인의 수행 도량에 들어가 행자의 신분으로 선종의 법통을 계승했다. 이후 십육 년간 남방으로 피신하여 은둔 수행에 들어갔다.

670년 | 조계산에 도착해 소주 보림사에 머물렀다. 보림사에는 502년 인도에서 온 지략 삼장 법사가 보리수를 심고 큰 인물이 날 것을 예언한 바 있었는데 170년이 흐른 이때 그 예언에 부합하게 되었다.

676년 | 인종 법사를 만나 삭발하고 광주의 법성사에서 정식으로 수계를 받았다. 이 시절에 유명한 '바람과 깃발 문답'이 나왔다.

677년 | 법성사에서 광동 지방의 조계산 보림사로 다시 돌아갔다.

| 692년 | 당나라 측천무후가 칙사를 보내 혜능에게 입궐하도록 명령했지만 이를 사양했다. |

| 696년 | 측천무후가 재차 혜능의 입궐을 요구했으나 혜능은 병을 핑계로 거듭 사양했다. 그 대신 법을 전수하는 징표로 받았던 가사를 대궐로 보냈고 대궐에서는 다른 가사와 발우를 혜능에게 하사했다. |

| 705년 | 당 중종이 혜능을 입궐하게 했으나 사양하고 칙사로 온 설간과 불법에 대해 문답을 주고받았다. 당 중종은 혜능이 왕실 초청을 사양하자 가사와 비단을 하사했다. |

| 707년 | 보림사를 법천사로 이름을 바꾸고 신주의 옛집을 국은사로 만들었다. |

| 712년 | 입적할 때를 대비하여 국은사에 신주(神主, 죽은 사람의 넋이 담긴 나무 패)를 모시는 감탑을 조성했다. |

| 713년 | 조계산 보림사에서 국은사로 돌아가 76세의 나이로 입적했다. 입적 이후 상서로운 기운이 퍼졌고 광주, 소주, 신주의 세 군에서 혜능의 유해를 안치하려고 서로 다투었다. |

| 722년 | 장행창이 신라 승려 김대비로부터 사주를 받아 혜능의 머리를 절취하려고 탑에 침입하다가 발각되는 사건이 발생했다. |

| 815년 | 헌종 때 혜능에게 대감 선사 시호를 내렸다. 그 후 송나라 때 '대감 진공 보각 원명 선사'라고 혜능에게 추가로 시호를 내렸다. |